쇼펜하우어의
아포리즘

'의지의 세계'를 이야기한 쇼펜하우어 철학

쇼펜하우어의 아포리즘

초판 인쇄 2025년 6월 17일
초판 발행 2025년 6월 25일

지은이 쇼펜하우어
펴낸이 김태헌
펴낸곳 물학홀릭

주소 경기도 고양시 일산서구 대산로 53
출판등록 2021년 3월 11일 제2013-000062호
전화 031-911-3416
팩스 031-911-3417

쇼펜하우어의 아포리즘

Contents

1장 "존재는 죽음으로 소멸하지 않는다"

2장 "자신을 해방시킬 수 있는 것은 자신뿐이다"

3장 "경험적 의식에서 벗어나 초월적 의식을 가져라"

4장 "사색이 생생한 향기를 풍기는 사상을 낳는다"

5장 "자부심을 갖고 세상의 뻔뻔함에 맞서라"

쇼펜하우어의 아포리즘

쇼펜하우어 지음

'의지의 세계'를 이야기한 쇼펜하우어 철학

아르투어 쇼펜하우어는 철학 연구자보다 대중에게 훨씬 더 인기 있는 철학자입니다. 그는 많은 철학자가 대학에서 자신의 학문을 꾸준히 강의한 것과 달리 교단에 선 경험이 별로 없습니다. 괴팅겐대학과 베를린대학에서 다양한 분야의 학문을 공부한 뒤, 대부분의 시간을 홀로 연구하며 집필 활동에 매달렸지요. 그는 자신의 철학에 대단한 자부심을 가졌고, 언젠가는 대중이 자신에게 열광할 것이라고 믿어 의심치 않았습니다.

그런데 쇼펜하우어가 철학자로 살아가는 삶이 처음부터 순탄했던 것은 아닙니다. 그가 어렸을 적, 아버지는 아들이 교양 있는 상인이 되기를 바랐지요. 그것이 안정된 인생을 살아가는 길이라고 생각했기 때문입니다. 당시 사회에 학자는 가난하다는 인식이 널리 퍼져 있었거든요. 하지만 쇼펜하우어는 인간과 삶, 그리고 세상의 섭리에 대한 의문과 호기심이 너무 커서 아버지의 바람을 따를 수 없었습니다. 그는 아버지가 사망하고 나서 본격적으로 학문 탐구의 길에 들어섰지요.

21살에 괴팅겐대학에 입학한 쇼펜하우어는 플라톤과 임마누엘 칸트의 사상을 공부하면서 깊은 깨달음을 얻었습니다. 그 후 베를린대학으로 옮기고 나서는 피히테와 근대 신학의 아버지로 불리는 슐라이어마허로부터 영향을 받았지요. 그리고 요한 볼프강 폰 괴테 등과 교류하면서 자신의 학문을 서서히 확립해갔습니다. 그 결과 1818년에 『의지와 표상으로서의 세계』라는 책을 세상에 내놓았지요. 그는 이 책을 통해 우리의 세계가 결코 이성적이거나 합리적이지 않다고 주장했습니다. 인간의 맹목적인 의지에 의해 움직일 뿐이라고 이야기했지요. 그가 가진 사상의 밑바탕에는 염세주의가 깔려 있었습니다.

그 후 쇼펜하우어는 『소품과 부록』 등의 저서를 발표하면서 점점 대중의 주목을 받게 되었습니다. 그는 이 세상의 모든 것은 '알 수 없는 힘'에 의해 작동된다고 보았지요. 그와 같은 알 수 없는 힘을 '의지'라고 정의했습니다. 그가 말하는 의지는 '자연 속의 모든 힘'이며, '모든 사물을 지금의 사물로 존재하게 하는 힘'이지요. 한마디로 쇼펜하우어는 '의지의 세계'가 세계의 본질이라고 판단했습니다.

우리가 한 사람의 철학자를 온전히 이해하려면 그의 저서를 통독할 필요가 있습니다. 하지만 모든 사람이 그런 노력을 기울이기는 쉽지 않지요. 그래서 이번에 기획한 도서가 바로 『쇼펜하우어의 아포리즘』입니다. 이 책은 쇼펜하우어의 저서 『소품과 부록』에 있는 내용을 선별해 편집했습니다. 일부의 글을 발췌하다 보니 앞뒤 문맥을 함께 설명하지 못한 한계가 있지만, 그럼에도 독자들에게 의미 있는 사색의 시간을 안겨주리라 기대합니다.

1장

존재는 죽음으로 소멸하지 않는다.

001
철학을 하는 데 필요한 것

철학을 하기 위해 가져야 할 중요한 두 가지 조건이 있다. 그중 하나는 마음에 품은 의문을 솔직하게 질문할 수 있는 용기다. 질문은 인간의 사유를 확장한다. 두 번째는 '분명한 것'이라고 생각되는 것들을 매우 분명하게 인식하는 태도를 갖는 것이다. 그것을 철학적 과제로 이해해야 한다.

그리고 하나 더, 두 가지 조건에 덧붙여 정신의 해방을 추구해야 한다. 정신에 어떠한 목적이 있어서는 안 되며, 의지의 유혹을 벗어던져야 한다. 정신은 오직 직관적 세계에 몰입해야 한다.

002
철학자라는 존재는

철학자는 인생 그 자체를 묘사하는 인간이 아니다. 철학자는 인생으로부터 추출해낸 여러 사상을 그려내는 존재다. 그러고는 많은 사람들이 자기의 사상에 공감하기를 요구하는 공통점을 지닌다. 바로 그와 같은 이유 때문에 특정한 철학자의 사상에 동의하지 않은 채 반감을 갖는 사람들도 적지 않다.

철학자와 시인의 차이점을 꽃과 연관 지어 설명할 수 있다. 시인이 꽃을 그려내는 존재라면, 철학자는 꽃의 본질을 추출해 현시(顯示)하려는 존재다.

003
철학책의 저자와 독자

철학책을 쓰는 사람은 안내자다.
그리고 철학서를 읽는 독자는
인생의 방랑자라고 할 수 있다.
그들이 함께 어떤 목적지에 도달하려 한다면,
무엇보다 그들은 함께 출발해야 한다.
철학책의 저자와 독자는
공통된 경험적 의식을 가질 필요가 있다는 뜻이다.
다시 말해, 철학책 저자는 독자의 손을 잡고
한 걸음 한 걸음 산길을 올라
얼마큼 높이 다다를 수 있는지 함께 깨달아야 한다.
위대한 철학자 임마누엘 칸트도
바로 그와 같은 방식으로 전진해 나아갔다.

004

회의가 필요해

철학은 치밀함만으로 탐구하는 학문이 아니다.
철학에는 회의(懷疑)가 필요하다.
회의는 자명한 믿음이나 전통적 권위를
무작정 받아들이지 않고 의심해 보는 일이다.
그러한 태도가 철학 정신의 근본이 된다.

철학에 있어 회의는
필요한 것일 뿐만 아니라 유익한 것이기도 하다.
철학은 수학과 달리
단지 무엇을 증명해내는 학문이 아니다.

005
지식과 통찰력을 높이려면

지식과 통찰력은 다른 사람들의 말이나 대화를 통해 증대할 수 없다. 왜냐하면 다른 사람들의 말에 주목하는 것은 이쪽 그릇에서 저쪽 그릇으로 내용물을 옮겨 담는 것에 그치기 때문이다. 단언컨대, 지식과 통찰력은 사물에 대한 자기 자신의 고찰을 통해서만 증대시킬 수 있다. 그것만이 가까이에서 살아 숨 쉬는 샘물이라고 할 만하다.

그럼에도 적지 않은 사람들이 남들이 한 말에 대해 신경 쓰느라 시간을 허비한다. 그들은 사물에 관해 자기 스스로 통찰하지 않는 잘못을 범한다. 그들은 다른 이들에게 어떤 내용물이 얼마만큼 남았는지 궁금해 하며 그 사람들의 그릇을 이리저리 살펴볼 따름이다. 그러는 사이 자기 곁의 살아 숨 쉬는 샘물이 어디로 다 흘러가버려도 전혀 깨닫지 못한다.

006
형이상학의 발전이 더딘 이유

형이상학이란 무엇인가?

그것은 존재의 근본 원리를 사유나 직관에 의해 탐구하는 학문이다. 또한 경험적 대상의 학문인 자연과학에 상대하여 이르는 말이기도 하다. 많은 사람들이 자연과학의 놀라운 진보에 비해 형이상학의 발전이 더디다고 이야기한다. 그렇다면 그 이유는 무엇인가?

형이상학은 절대적 진리를 강요받는 한 발전하기 어렵다. 특히 종교처럼 교리를 무조건 따라야 하는 환경에서는 더욱 그러하다. 종교는 형이상학의 자유분방하고 편견 없는 모든 표현들을 금지한다. 나아가 그것을 적대시함으로써 형이상학으로 향하려는 인류의 접근을 원천 봉쇄하기도 한다. 그로 인해 인류에게 가장 중요하고 흥미로운 인간 존재의 문제에 관한 탐구가 간접적으로나마 방해를 받아온 것이다. 인류의 고귀한 성질 하나가 쇠사슬에 꽁꽁 묶여버린 셈이다.

007
서로 다른 견해

사람들의 견해는 서로 다르게 마련이다.
그럼에도 누군가 나의 견해에 반대해 불쾌한가?

그렇다면 내가 얼마나
다른 사람들과 다른 견해를 가졌는지 떠올려보라.
또 내가 얼마나 이랬다저랬다
나의 견해에 대해 변덕을 부려왔는지 살펴보라.

더불어 조언하건대,
내가 상대방의 의견에 반론을 제기할 때는
"나도 그렇게 생각한 적이 있지만……."이라며
정중히 말문을 열도록 하라.
그것은 매우 효과적인 반론 제기 방법이다.

008
나침반과 같은 진리

잘못된 가르침은

특정한 상황을 벗어나면 곧 의미를 잃는다.

하지만 진리는

한때 억압당하고 오해받을지언정 영원하다.

왜냐하면 진리는 어떤 부류의

의도나 목적에서 비롯된 것이 아니기 때문이다.

진리는 억압과 오해에 시달릴 때조차

탁월한 정신세계를 가진 사람들의 옹호를 받는다.

그들이 기꺼이 투사가 되어

진리를 수호하기 위해 용기 있게 나서는 것이다.

그들에게는 진리가

언제 어디에서나 일정한 방향을 가리키는

나침반과 같은 역할을 한다.

009
진리의 발견을 방해하는 것

무엇이 진리의 발견을 방해할까?

사물의 거짓된 모습이
우리를 오류로 인도하는가?
아니다, 그렇지 않다.
우리가 가진 이성의 힘이 나약해서 그런가?
아니다, 그렇지 않다.

정답은 따로 있다.
인간의 선입견과 편견,
다름 아닌 그것이 진리의 발견을 훼방 놓는다.

인간의 선입견과 편견은
거센 파도를 헤치며 육지를 향해 나아가는 배의
키와 돛을 쓸모없게 망가뜨려버린다.
때로는 우리의 방향을 꺾는 역풍과도 같다.

010
죄악에서 솟아나는 선

사람이 바다에 빠지면 시간이 흐를수록 깊이 가라앉는다. 그러다가 바닥에 이르고 나면, 오히려 수면 위로 점점 떠오르게 된다.

이 원리는 인간 세상에서도 찾아볼 수 있다. 가장 선한 인간은 죄악을 모르는 사람이 아니라, 죄악으로부터 전향한 사람이다. 한때는 죄악에 빠져들었으나 스스로 반성하고 탈출해 선의 세계로 귀의한 사람이다. 요한 볼프강 폰 괴테의 명작 『파우스트』에 등장하는 인물 그레첸이 그러하지 않은가.

그렇다, 때로는 죄악이 그와 같은 역설적 작용을 한다. 악몽에 대한 자각과 두려움이 어떤 사람을 깊은 잠에서 깨어나게 하는 효과를 나타내는 것이다.

011
인생이라는 꿈

오래전 우리는 깨어 있었다.
머지않아 우리는 다시 깨어날 것이다.

인생은
기나긴 꿈으로 가득한 밤!

그 꿈속에서
인간은 여러 악몽에 시달린다.

012
모든 죽음은 깨어남인 것

나의 상상력과 나의 사고력이 한데 뒤엉켜 장난을 치고는 한다. 나는 특히 음악을 들을 때 그런 기분에 사로잡힌다. 인간의 일생이란 무엇인가? 어쩌면 그것은 영원한 정령(精靈)이 그려내고 있는 한 편의 꿈은 아닐까?

나의 상상력이 완전히 엉뚱한 것이 아니라면, 그 꿈에는 좋은 것도 있고 나쁜 것도 있겠지. 그것이 곧 기쁨과 슬픔이겠지. 그렇다면 모든 죽음은 그와 같은 한 편의 꿈에서 깨어나는 것이라고 말할 수도 있을 것이다.

013
죽음에 대한 이중적 감상

시간의 흐름에 따라 죽음에 대한 감상이 달라진다. 우리의 의식에서 죽음에 대한 이중적 감상이 드러나는 것이다.

대체 무슨 말인가? 우리가 일상생활을 하다가 머릿속에 선명히 죽음을 떠올린다면, 그것은 너무나 두렵고 소름끼치는 기분을 느끼게 한다. 순간 우리는 마음의 평온을 잃고 불안감에 빠져들고 만다. 하지만 이상하지 않은가? 그럼에도 우리는 곧 죽음을 잊고 일상생활에 충실한 모습을 보인다. 어떻게 우리는 금세 죽음의 비탄에서 빠져나와 마치 그 사실을 모르는 사람들처럼 살아간단 말인가?

죽음에 대한 감상은 거기서 그치지 않는다. 심지어 우리는 죽음을 잊어 안심하는 데 머물지 않고, 때로는 죽음을 동경하기까지 하는 것이다. 그 경우에는 우리에게 무엇보다 우월한 초월적 의식이 작용한다고 이야기할 수 있다.

014
나는 그대로 정지해 있을 뿐

　자기 자신을 완전한 객체(客體)로 생각하는 사람들이 있다. 내가 보기에, 결코 바람직하지 않는 생각이다. 그들은 자신을 시간적 존재로 여긴다. 그러니까 자신을 단순히 세상에 생성되었다가 언젠가 소멸해버리는 존재로 인식하는 것이다.

　그런 사람들은 강변에서 강물을 바라볼 때, 강물은 멈춰 있고 자기 자신이 물살을 출렁이며 흘러간다고 믿는다. 하지만 그것은 사실이 아니다. 물살을 출렁이며 흘러가는 것은 강물이고, 자기 자신이 그대로 멈춰 서 있는 것이다.

015
지금 살아 있다는 꿈

'우리의 존재는 여러 가지 꿈의 재료라고 할 수 있다. 우리는 그렇게 만들어진 존재다. 우리의 일생은 각각의 잠에 싸여 있다.'

이것은 윌리엄 셰익스피어가 한 말이다. 우리는 이따금 죽은 사람이 생생히 살아 있는 것처럼 꿈에 나타나는 경험을 하지 않나? 그러다 보면 어느새 그 사람이 죽었다는 사실조차 까맣게 잊어버리고는 한다.

우리의 존재라는 것이 바로 그와 같지 않을까? 지금 우리는 살아 있다는 꿈을 꾸고 있는 것인지 모른다. 그 꿈은 죽음으로써 막을 내린다. 하지만 그것으로 끝이 아니다. 꿈이 끝나면 새로운 꿈이 시작된다. 그 꿈속에서 우리는 자기 자신이 살았던 일과 죽음에 이르렀던 일을 전혀 기억하지 못한다.

016
삶은 하나의 현상일 뿐

파우스트가 그러했듯, 우리는 모두 악마와 계약을 맺고 있다. 교수형을 앞에 두고 약간의 유예 기간이 주어진 존재일 뿐이다. 우리는 발버둥치며 애면글면 쾌락을 탐닉하지만 그 시간이 다하고 나면 모두 죽음에 다다르고 만다. 인간의 삶에 죽음은 분명한 사실이다.

죽음은 모든 동물과 모든 식물, 그러니까 모든 실체에 대해 글자 그대로 죽음이다. 한 치의 어긋남도 없는 그 운명 앞에서 경험적 의식이나 이성적 의식 따위는 아무런 소용이 없다. 죽음 이후의 가책이나 영생 같은 말이 다 무엇이란 말인가. 세상의 모든 것은 끊임없이 흘러가고 있으며, 영속하는 것은 아무것도 없다. 사람들은 이따금 "물질은 영원히 존재한다."라고 말한다. 하지만 칸트는 "물질은 현상(現象)일 뿐이다."라고 이야기했다.

017
모든 것은 사멸한다

사람들은 종종 인간이 어떤 수단을 위해
존재하는 것이 아니라고 말한다.
인간이 어떤 목적을 갖고
'자아'를 형성한 것이 아니라고 말한다.
따라서 외부의 힘이 인간을
보존하거나 멸망시킬 수 없다고 주장한다.

하지만 세계로부터 생겨난 모든 것은
반드시 사멸(死滅)하게 마련이다.
우리는 모두 개체로서
시간 속에, 유한 속에, 죽음 속에 존재한다.
오직 이 세계로부터 생겨나지 않은 것만이
전능한 힘으로 시간과 죽음을 초월할 수 있다.

018
현자의 다른 점

다른 사람들이 죽음에 이르러 알게 되는 것을
현자는 삶 속에서 늘 깨우친다.
다시 말해, 현자는 일찌감치
삶 자체가 죽음이라는 진리를 깨닫는 것이다.

우매한 자는 비몽사몽인 상태로
배 밑바닥에 갇혀 노를 젓는 죄수와 다름없다.
그에 비해 현자는 배 안에 있으면서도
항상 깨어
자기 몸을 묶은 쇠사슬을 내려다볼 줄 안다.
그 쇠사슬이 부딪혀 철렁대는 소리를 듣기도 한다.

019
보잘것없는 존재

나는 생각한다.
인간이 너무나 보잘것없는 존재라고.

그럼에도 인간은 우쭐대며
자신들의 가여운 육체가 영생하기를
바라고 또 바란다.
아, 얼마나 우스운 노릇인가!

나는 생각한다.
인간이란 강보에 싸인,
인간으로 위장된 돌멩이에 지나지 않는다고.

020
어떤 존재에 대한 기대

누가 있어 인간의 가장 은밀한 감정과 가장 내밀한 생각을 꿰뚫어볼까?

그것은 오직 자기 자신의 의식뿐이다. 그런데 모든 인간은 언젠가 그 의식을 잃어버리고 만다. 그와 같은 운명을 인간 스스로 잘 알고 있다.

그래서일까?

많은 인간이 어떤 존재에 대한 기대감을 갖고 살아간다. 자신의 가장 은밀한 감정과 가장 내밀한 생각을, 그 결백을 증명해줄 존재를 기다리는 것이다. 그 어떤 존재를 간절히 믿고 싶은 것이다.

021
죽음이란 옷을 갈아입는 것일 뿐

볼프강 아마데우스 모차르트의 유명한 가극 「마술피리」를 아는가?

죽음이 머지않아 우리 모두를 소환할 것이다. 누가 나를 삶으로 데려왔는가? 나는 그 답을 모르지만, 언젠가 죽음이 나를 소환한다면 괜히 두려워하며 머뭇대지 않으리라. 나를 이 세상에 영영 붙들어 머물게 할 수 있는 존재는 어디에도 없으니까.

나는 죽음이 어떤 것인지 전혀 알지 못한다. 하지만 더없이 평온한 마음으로 죽음을 따를 것이다. 가극 「마술피리」에서는 죽음이 순교자나 영웅을 데려가기 전에 눈가리개를 씌워주지 않나. 그러니 죽음이 어찌 사랑스럽지 않은가. 죽음이란, 그저 옷을 갈아입는 것일 뿐이다.

022
촌극에 지나지 않는 죽음

한 인간의 죽음이란,
하나의 세계가 멸망하는 것이다.

위대한 사람의 죽음은
정밀하고 명석한 세계가 멸망하는 것이므로
그 의의만큼 깊은 애도를 받는다.

그러나 동물에 지나지 않는 이의 죽음은
조악하기 짝이 없는 세계의 멸망일 뿐이다.
그와 같은 죽음은
시시한 광상곡(狂想曲)이나
별 볼 일 없는 촌극(寸劇)에 지나지 않는다.

023
이기심에 대한 경고

사람이 죽음에 이르면
그의 이기심도 소멸하고 만다.
주인의 육체가 죽음에 맞닥뜨리는 것과 동시에
흔적도 없이 사라져버리는 것이다.
그래서 이기심의 주인인 인간은
죽음을 두려워하는 것인지 모른다.
또한 죽음을,
자연의 섭리가 인간의 이기심에 경고하는
중요한 교훈이라고 볼 수도 있을 것이다.

024
선악에 따라 달라지는 의미

　의지를 없앤다면, 인간은 육체의 죽음을 혐오하지 않는다. 영원에 대해 올바른 이해를 하게 되기 때문이다.

　악한 사람일수록 필연적 운명인 죽음을 두려워한다. 모든 악이란 것이, 삶을 향한 의지가 조금의 치욕도 모른 채 격렬하게 작용하는 데서 생겨나지 않나. 선한 사람에게도 죽음은 피할 수 없는 필연적 운명이지만, 그런 사람은 죽음을 자연스럽게 받아들이는 경우가 많다. 결국 선악에 따라 죽음을 대하는 태도가 달라진다는 말이다.

　악은 육체의 죽음을 혐오스럽게 생각할 뿐이다. 그에 비해 선은 육체의 죽음을 대수롭지 않은 것, 나아가 바람직한 것으로 여기기까지 한다. 그러므로 인간의 유한한 생명은 자신이 선한가 악한가에 따라 의미가 크게 달라진다. 만약 선하다면 죽음이 일종의 행복일 수 있고, 악하다면 죽음은 재앙 그 자체인 것이다.

025
있는 그대로 본다는 것

사물을 있는 그대로 바라보는 것, 그것은 '순수한 표상(表象)'을 보는 것이다. 그리하여 사물을 명료하고 의미 깊게 이해하는 것이 가능하다. 그 속에 세계의 의지가 깃들어 있다.

모든 사물을 있는 그대로 보아 순수한 표상을 이해하는 것은 매우 바람직한 일이다. 우리는 그 과정을 통해 세계를 밝고 발랄한 것으로 받아들여 생명을 존중하게 된다. 그리고 죽음이 언젠가 다시 끌려갈 수밖에 없는 두려운 무엇이라는 생각에서 벗어나게 된다. 어쩌면 우리는 죽음으로 눈을 감고 나서야 비로소 참된 빛을 보게 되지 않을까? 나는 그 빛이 지금 우리가 보고 있는 햇빛 따위와는 비교조차 할 수 없게 환히 반짝일 것이라고 믿는다.

026
모순의 조화

인간에게는 상반되는 두 가지 면이 있다.
한쪽에는 '무(無)보다 무가치한 존재'라고 쓰였고
다른 한쪽에는 '가장 가치 있는 존재'라고 새겨졌다.
나의 정신 역시 그와 같아
한쪽은 '이대로 영원히 남아 있을 것'이라 믿고
다른 한쪽은 '들꽃처럼 일시적인 것'이라 생각한다.

본질적으로 존재하는 것은
개체일 뿐인가, 관념일 뿐인가?
세상의 모든 물질이 다르지 않다.

죽음의 신도 서로 다른 두 가지 모순된 면이 있어
한쪽은 분노하는 얼굴이고,
다른 한쪽은 더없이 인자한 표정의 얼굴이다.

027
완전히 소멸하지 않는다

물질은 무(無)로 돌아가지 않는다.
분자나 미립자도 마찬가지다.
그런데 왜 인간의 정신은
죽음이 완전한 소멸을 가져온다고 생각하나?

죽음은 삶이 그렇듯
지극히 자연스러운 일이다.
나는 죽음보다 먼,
저곳을 바라보려 한다.
그것이 누군가에게는 설득력 있는 위안이다.

028
명백한 사실

사람이 늙고 죽는 것을
형이하학적 이유로 설명할 수 없다.
그것은 형이상학적 이유에서 비롯된다.

또한,
내가 한 마리의 파리를 때려죽인다면
그것은 물자체(物自體)가 아니다.
단지 하나의 현상일 뿐이다.

모두 명백한 사실이다.

029
자신을 이해하지 못하는 개체

　지구상에서는 순간순간 수천 명의 사람이 태어나고, 또 수천 명의 사람이 죽는다. 그럼에도 인간은 자기 자신이 영원히 존재하기를 바란다. 그때 인간은 자신 역시 동물계에 속하는 하나의 생명체인 것을 망각한다. 그와 같은 인간의 소망이 우습고 이상하지 않은가?

　원래 인간이라는 각각의 개체는 개별 분화의 원리에서 생겨난 단순한 현상일 뿐이다. 그러므로 영원히 존재하는 것은 본체, 즉 참된 존재에 깃들어 있을 따름이다. 각각의 개체에는 본체가 내재되어 있고, 각각의 개체는 그와 같은 의미를 바탕으로 생성되었다. 다만 각각의 개체가 자기 자신을 이해하지 못한 채 삶을 살아가고 있다.

030
터무니없는 관념을 버려라

독일 작가 장 파울은 자신의 작품을 통해 잘못된 관념에 사로잡힌 탁월한 지성의 부정적인 면모를 그려냈다. 그 지성은 자기가 그릇된 관념에 빠져 있는 것에 전혀 문제의식을 갖지 못한 채 불합리한 망상에 시달린다. 스스로 그 관념을 버리지 못해 망상이 이끄는 대로 끌려 다니며 고통 받는 것이다.

그 관념이란 대체 어떤 것일까?

그것은 개인의 의식이 죽음 후에도 계속 존재한다는 망상이다. 참과 거짓이 뒤섞인 그와 같은 관념은 인간에게 매우 해로운 오류를 빚어내고 만다. 그리하여 우리의 본질적인 존재가 시간과 변화, 인과(因果)에 영향 받지 않는 불멸의 것이라는 깨달음에 다다르는 것을 가로막는다. 우리는 명심해야 한다. 진리는 순수한 상태에서만 존속할 수 있다는 점을. 무엇이든 오류와 섞이게 되면 진리 자체가 오류의 성질을 띠게 된다는 사실을. 잘못된 관념은 결코 진리의 대체재가 될 수 없다.

031
우문현답을 위하여

모든 것을 알고 싶어 하면서 아무것도 배우려 하지 않는 사람들이 있다. 만약 그들 가운데 누군가가 죽음 이후의 존재에 대해 묻는다면 어떻게 대답해야 할까?

그 질문에 "당신이 죽으면 세상에 태어나기 전의 당신과 같은 상태가 될 것이다."라고 이야기해주어라. 그것이 가장 슬기로운 대답이다. 왜냐하면 그 말은 생성이 있는 곳에 종말이 있으면 안 된다는 생각이 얼마나 어리석은 것인지 깨우쳐주기 때문이다. 또한 존재에는 두 가지 면이 있으며, 그 원리로 무(無)에도 두 가지 면이 있을 것이라는 사실을 알려주기 때문이다.

또한 이렇게 대답할 수도 있을 것이다. "당신이 죽은 후에 완전히 소멸하더라도, 그 상태가 당신에게 가장 자연스러운 것이다."라고. 그렇다. 인간이 존재의 중단에 대해 생각하는 것과 죽음 이후의 상태에 대해 생각하는 것은 별 의미가 없다. 그것은 우리가 전혀 존재하지 않았던 것에 대한 상상과 다르지 않기 때문이다.

032
존속과 사멸의 개념

모든 것을 알고, 모든 것을 완벽히 이해할 수 있는 존재를 가정해보라. 그에게는 죽음 이후의 세계를 상상하는 것이 전혀 무의미한 일이다. 왜냐하면 시간적이고 개체적인 존재인 인간이 그 범위를 초월하는 존속과 사멸의 개념에 빠져드는 것이 어불성설이기 때문이다. 인간은 존속과 사멸의 개념을 구별하는 것 자체가 불가능하다.

인간의 본질적 존재가 존속과 사멸의 개념을 깨우치지 못하는 까닭은 무엇일까? 그 이유는 인간이라는 존재 역시 물자체가 아니라 현상일 뿐이라는 진실에 근거한다. 존속과 사멸의 개념이란 것부터 모두 시간의 영역에서 비롯되는 것일 뿐이다. 그런데 시간이라는 것도 단지 현상의 한 가지 형태이지 않은가. 인간은 시간적 종말을 소멸이라고 생각할 따름이다. 인간은 물질이 파괴될 때 사라지는 형태에 대한 관념에서 자유롭지 못하다.

033
인간의 환영이 아닐까

새로운 존재가 끊임없이 생성한다.
현존하는 존재가 쉼 없이 소멸한다.

그런데 그와 같은 인식은
두 개의 렌즈를 갖춘
인간의 두뇌 기능이 빚어낸 환영이 아닐까?
두 개의 렌즈는 곧 시간과 공간이다.
시간과 공간이 서로에게 스며들어
세상의 인과(因果)를 만들어낸다.

그러므로 우리는 주의해야 한다.
시간과 공간 속에서 자각하는 것은
모두 현상일 뿐이라는 사실을.
우리는 시공간 속 자각에 의존하지 않는
사물의 참된 본질에 영영 다다를 수 없다는 사실을.

034
존재의 종말은 없어

인간이 죽음을 맞이할 때,
물자체에는 아무런 영향을 끼치지 못한다.
다만, 시간 속 현상의 종말일 뿐이다.
우리의 직관이 그것을 알고 있다.

일찍이 우리는 무(無)에서 창조된 존재가 아니다.
그러므로 죽음은,
우리 삶의 종말일 뿐이라고 확신한다.
절대로 존재의 종말일 수는 없다.

035
자신의 본질을 살펴라

세상 만물의 공허함과 무상함을 떠올려라.
모든 것이 한낱 꿈과 같음을 깨달아라.
그럴수록 당신은 자기 자신 속
내적 존재의 영원성을 자각할 것이다.
그것을 통해 사물의 본질을 분명히 알 수 있다.

당신이 배에 타고 있다고 상상해보라.
그 배를 바라본다고 해서
항해 속도를 실감할 수는 없다.
그 배가 얼마나 빨리 나아가는지 확인하려면
저 너머 움직이지 않는 자연을 바라봐야 한다.

036
자기 안에 있는 시간의 중심

'현재'에는 객관적인 면과 주관적인 면이 함께 깃들어 있다. 그중 객관적 현재는 시간이 끊임없이 흘러간다고 직감으로 판단한다. 그에 비해 주관적 현재는 시간이 움직임 없이 항상 변화하지 않는다고 여긴다. 우리는 그와 같은 주관적 현재의 시각에 따라 과거를 선명히 회상할 수 있다. 우리의 존재가 언젠가 사라질 것을 알면서도 불멸성을 인식하는 것 역시 현재에 주관적 현재라는 면이 있기 때문이다.

그런데 객관적 현재나 주관적 현재보다 더욱 중요한 것은 우리가 의식과 더불어 시간의 한가운데 서 있다는 사실이다. 우리는 시간의 끝에 간신히 매달려 있는 존재가 아니다. 우리는 저마다 자신의 내부에 시간의 움직이는 않는 중심을 지니고 있다.

037
자기 존재의 불멸성

'현재'의 근원은 우리 내부에 있다. 현재는 외부가 아닌 자기 내부에서 생겨난다. 그 사실을 깨닫는 사람은 자기 존재의 불멸성을 의심하지 않는다. 그런 사람은 자신이 죽더라도 자기 존재는 아무런 영향을 받지 않는다는 것을 이해한다. 그는 "나는 존재했던 것이자 존재하고 있는 것이며, 앞으로 존재하게 되는 모든 것이다."라고 말한다.

하지만 현재가 자기 내부에서 생성된다는 사실을 깨닫지 못하는 사람은 정반대의 이야기를 한다. 그는 "시간은 나와 상관없는 독립적인 것이다. 또한 객관적이며 실재적인 것이다. 그러므로 나는 시간 속에 우연히 던져진 존재일 뿐이며, 시간의 극히 일부분을 향유하다가 사라져버리는 존재에 지나지 않는다. 이미 무수한 사람들이 무로 돌아갔듯, 나 역시 무로 돌아가고 말 것이다. 물론 시간은 내가 죽은 후에도 영원히 계속될 것이다."라고 말한다.

038
죽음은 두뇌의 인식을 잃는 것

죽음은 인간을 근원적 상태로 데려간다. 그것은 현상 세계와 완전히 다른 본질적 상태, 물자체의 상태다. 그러한 근원적 상태가 되면 두뇌의 인식과 같은 간접적 인식, 현상에 대한 인식이라고 할 수 있는 임시방편과 같은 수단은 아무런 쓸모가 없어진다.

다시 말하건대, 두뇌의 인식이 소멸한다는 것은 현상 세계가 소멸하는 것일 뿐이다. 인간의 의식은 현상 세계에 접속하게 하는 매개체에 지나지 않는다. 그것은 근원적 상태에서 조금의 중요성도 갖지 못한다. 그러니 두뇌의 인식을 잃게 된다고 한탄할 까닭이 무엇이란 말인가. 두뇌의 인식은 현상을 생성시킬 뿐 아무런 역할도 하지 못하는 무능력한 것이다.

039
재생의 신비를 이해하라

죽음은 무(無)로 돌아가는 것이라고? 탄생은 무로부터 생성하는 것이라고? 내가 보기에, 그런 생각은 결코 진리라고 할 수 없다.

죽음은 분명 개체의 종말로 드러난다. 그러나 개체의 죽음은 새로운 존재의 씨앗을 품고 있다. 그러므로 죽음을 맞는 모든 것은 영원히 죽는 것이 아니다. 또한 새로 태어나는 모든 것은 절대적인 영원불멸의 존재가 될 수 없다.

죽음은 파괴를 불러온다. 그와 동시에 그곳에서는 새로운 생명의 잉태가 시작된다. 새로운 존재는 자기 자신이 어디에서 와 현재와 같은 존재가 되었는지 전혀 알지 못한다. 그냥 그렇게 존재 속으로 들어왔을 뿐이다. 바로 그것이 재생(再生)의 신비다. 지금 살아 있는 모든 존재는 죽음과 더불어 미래의 씨앗을 품고 있다. 그러니까 미래의 존재 역시 이미 존재하고 있는 것이다.

040
어제와 같은 오늘의 배우들

여기에 세계라는 무대가 있다.
배경이 달라지고 각본이 새로 쓰여도
그 무대에 서는 배우들은 항상 동일하다.

천 년 전의 사람들도
지금의 사람들과 똑같이 대화를 나누었다.
천 년 전의 사람들과 지금의 사람들은
똑같은 무대에 서는 똑같은 배우들이다.
다시 천 년이 지난다고 해도
그 사실은 조금도 달라지지 않는다.

다만, '시간'이라는 장애물 때문에
사람들은 그 사실을 알아채지 못한다.

2장

자신을 해방시킬 수 있는 것은
자신뿐이다.

001
우매한 속세를 초월하라

　이 세상에는 어둡고 어리석은 해악이 가득하다. 이따금 진리의 빛이 반짝이지만 이내 사그라들고 만다. 그럼에도 많은 사람들이 그런 세태를 이상하게 생각하지 않는다.

　우매한 세상에 휩쓸리지 마라!

　이 세계에서 방향을 바꿔 나아가는 것이 고행이며 덕행이다. 그와 같은 고행과 덕행이 쌓이고 쌓여야만 어둡고 어리석은 속세로부터 벗어날 수 있다. 그리하여 나무의 열매가 서서히 무르익어 자연스럽게 땅에 떨어지듯 평온한 마음으로 삶을 살아가게 된다.

002
헛된 욕망에서 벗어나라

삶이란, 시간적 생존에 대한 욕망이다. 우리는 자주 생존을 영속시키려는 헛된 욕망에 빠져들고는 한다. 그러나 그것은 잘못된 생각이다. 인간의 생존은 공허한 것이고, 어떻게 해도 영속할 수 없으니까. 인간의 생존은 손으로 움켜쥐지 못하는 그림자이며, 일정한 크기를 예측하지 못하는 실오라기다. 그럼에도 우리는 생존에만 연연해 끊임없이 불필요한 수고를 하고 있지 않나. 마치 밑 빠진 독에 물을 가득 채우는 형벌을 받은 다나오스왕의 딸들처럼.

인간은 오직 한 가지 방법을 통해서만 영원을 깨달을 수 있다. 그 길은 시간으로부터 벗어나는 것이다. 그러기 위해 인간은 경험적 의식을 버려 좀 더 높은 경지의 의식에 다다르려고 노력해야만 한다. 우리는 지금 원의 주변만 맴돌며 헛된 욕망에 매달리고 있지 않은가? 당장 그 욕망에서 벗어나라. 그리고 원의 중심으로 들어가 평온을 찾아라.

003
의지를 인식하라

의지는 이데아다.
즉 의지는 순수한 이성에 의해 얻을 수 있는
최고의 인식이다.

삶은 의지의 반영일 뿐이다.
삶은 곧 의지를 인식하는 것이다.

의지를 인식하는 것이야말로
유일한 선이며 진실한 복음이다.
그것은 마침내 삶을 구원의 길로 이끌며,
자기 자신을 찾도록 인도한다.
의지를 인식하면 크나큰 기쁨에 이른다.

004
생존은 짧고 시간은 무한하다

종종 사람들은 한탄한다.
"시간의 흐름이 너무 빨라!"라고 소리친다.

하지만 시간 속에 존재하는 어떤 사물도
시간의 흐름을 늦추거나 멈출 만큼
절대적인 가치 있다고 말할 수는 없다.

그리하여,
생존이라는 짧은 꿈에 비해
무한한 시간의 밤은 끝나지 않을 듯 길다.

005
의지가 필요한 또 하나의 이유

인간은 삶을 살아가며 여러 가지 동경을 품는다. 특히 삶의 전반기에는 미래에 대한 동경을 가지며, 삶의 후반기에는 점점 더 멀어져가는 과거를 동경한다. 그와 달리 자기가 존재하는 유일한 곳인 현재에는 좀처럼 만족하지 못한다. 자기 내부를 만족시킬 만한 현재를 발견하려고 노력하지 않으면서 영속하지 않고 실체도 없는 허상만을 좇고 있는 셈이다.

왜 그럴까? 자신을 만족시켜주는 현재를 발견하지 못하는 까닭은 삶을 살아가며 단순히 물자체가 아닌 현상만을 바라볼 뿐 의지를 갖지 않기 때문이다. 내가 이미 이데아와 같다고 설명한 의지는 실재이고 물자체이다. 의지는 생존 자체만으로 충분하지 않다. 의지의 관점에서 생존은 그림자에 지나지 않는다. 그러므로 인간이 지금 자기가 존재하는 현재에 만족하려면 참된 의지를 가져야 한다.

006
두 번 다시 느낄 수 없는 현실

쾌락의 순간이든 고통의 순간이든
모두 순식간에 지나가버린다.
그것을 단단한 갈고리로 붙잡아둘 수는 없다.
질긴 밧줄로도 꽁꽁 묶어둘 수 없다.
그저 기억과 추억으로 남을 뿐이다.

하지만 기억은 현실의 빈껍데기를 만져보는 것.
추억은 쾌락과 고통의 찌꺼기를 맛보게 하는 것.

우리는 지난날의 쾌락과 고통을
두 번 다시 현실로 느끼지 못한다.
바싹 메말라버린 미라처럼 돌이켜볼 뿐이다.
어쩌면 인간의 생존에 있어
그것이 가장 불합리한 점인지 모른다.

007
인생이 공허한 까닭

인간 생존의 뿌리는 의식 안이 아니라 의식 밖에 있다. 그러나 인간의 생존 자체는 의식 안에 존재한다. 따라서 의식이 없다면 생존하는 것이라고 말할 수 없다.

의식의 한 형태가 바로 시간이다. 시간은 일차원적이다. 그 때문에 인간의 생존은 비존재(非存在)와 밀접하게 맞닿아 있기도 하다. 그것은 곧 인생의 공허로 이어진다. 과거도 미래도 모두 무(無)이며, 현재조차 실재하지 않는 것이라는 데 생각이 미치는 것이다. 물론 그런 생존 역시 존재의 방식 중 하나다. 마치 기하학에 등장하는 한 줄기 선처럼 드넓은 공간을 정의한다. 그와 같은 생존은 공허한 현상으로서 존재하는 것이다.

008
애당초 공허했던 것

지나간 생애를 떠올려보라.
그중에서도 괴로웠던 시절을 돌이켜보라.

신기하게,
괴로움에 몸부림치며 한숨짓던 그날이
짐짓 견딜 만했던 환영으로 상기되지 않나?
그날의 고통은 어디로 사라졌단 말인가?

인간이 그런 변화를 겪는 이유는
추억이 표상(表象)의 빈껍데기이기 때문이다.
슬픔의 장면이든 기쁨의 장면이든
추억은 생명 없는 환영을 떠올릴 따름이다.
어쩌면 그 표상이라는 것이
애당초 공허한 것이었다고 말할 수도 있다.

009
시간적 존재의 한계

모든 시간적 존재는 반드시 사멸한다.

시간은
우리가 손에 쥐고 있는 모든 사물을
순간순간 무(無)로 돌아가게 한다.
모든 참된 가치를 결국 잃어버리게 한다.

그러므로 올바르게 인식하는 사람이라면
시간 속에 존재하는 것이
진실로 존재하지 않는다는 사실을 깨달아야 한다.

010
시간에 대한 관념

우리 모두는 무한한 시간 속에 존재하지 않다가, 어느 날 갑자기 존재하게 되었다. 그리고 얼마 후에는 다시 비존재의 시간 속으로 흘러들어갈 운명이다. 이런 생각을 하다 보면 설령 지성이 발달하지 않은 사람이라 하더라도 시간에 대한 관념을 갖게 된다.

과거에 존재했던 많은 것이 이미 존재하고 있지 않다. 과거에 존재하지 않았던 것은 현재에도 존재하지 않는다고 말할 수도 있다. 또한 현재에 존재하는 모든 것이 언젠가는 과거에 존재했던 것이 되어버린다. 그러므로 현실성이라는 측면에서, 아무리 무의미한 현재라 하더라도 가장 의미 있는 과거보다 낫다고 이야기하는 것 또한 가능하다. 이처럼 시간에 대한 관념은 공간에 대한 관념과 함께 형이상학의 길로 들어서는 열쇠가 되어준다.

011
마르지 않는 샘을 간직하라

인생의 모든 장면은 순간적인 현재에 속해 있다. 모든 순간의 장면은 곧 과거 속으로 흘러가버린다. 밤이 되면, 나의 삶이 하루씩 줄어들지 않나. 그러나 우리가 존재의 가장 깊은 곳에 영원히 마르지 않는 샘을 간직한다면 삶이 마냥 낭비되지는 않으리라. 우리가 그 샘으로부터 새로운 생명과 시간을 퍼 올릴 수 있을 테니. 그럴 수 없다면, 우리는 그토록 빨리 달아나는 인생을 바라보며 깊은 슬픔에 빠져들 수밖에 없을 것이다.

그런데 어떤 사람들은 오직 현재만이 실재한다고 믿어 현재의 향락에만 집중하며 살아간다. 그들은 그 밖의 시간을 가상(假象)의 것이라고 여긴다. 하지만 현재의 향락에만 몰두하는 삶은 어리석은 짓일 뿐이다. 왜냐하면 금방 흔적도 없이 사라져버리고 마는 것에는 치열하게 노력할 가치가 없기 때문이다. 곧 다음 순간에 존재하지 않을 것에 매몰되는 것만큼 부질없는 일도 없다.

012

인간은 쉼 없이 운동하는 존재

　인생은 재빨리 사라져버리는 순간적인 현재의 연속이다. 우리는 그 밖에 아무런 기반도 갖고 있지 않다. 따라서 인간은 본질적으로 끊임없이 '운동'해야 한다. 우리는 모두 비탈길을 달려 내려가는 존재니까. 만약 도중에 운동을 멈추면 우리는 땅바닥에 곤두박질칠 운명이다. 운행을 멈추는 순간 공전에서 이탈해버리고 마는 작은 유성과 같은 운명이다. 한순간도 쉬지 않는 운동이 인간이라는 존재의 본래의 형태라고 정의할 수 있다.

　이 세계에는 어떤 종류의 안정도 없다. 어떤 종류의 지속적인 상태도 없다. 그러므로 인간은 계속해서, 쉼 없이 달려가지 않을 수 없다. 운동하지 않을 수 없는 존재다. 이 세계는 항상 변화와 혼란 속에 있으며, 끊임없이 운동해야만 낙오되지 않는다. 인간이란 존재가 한 가닥 밧줄에서 떨어지지 않으려면 운동을 멈추지 말아야 한다.

013
멀리서 인생을 바라보라

인생에 바짝 다가서면 낱낱의 조악함이 드러나 아름다움을 느끼지 못한다. 모름지기 인생은 멀찍이 물러서서 바라보아야 전체적인 아름다움을 깨달을 수 있다.

그럼에도 사람들은 작은 부분으로 인생을 받아들인다. 그래서 자신이 바라던 것을 손에 넣고도 곧 허탈해하며 기쁨을 잃고는 한다. 항상 보다 좋은 것을 원하면서도 금세 싫증내며 이미 지나가버린 것에 미련을 두기도 한다. 그런 사람들은 현재를 하찮게 여기며 어떤 목적을 향해 달려가는 과정으로만 생각하는 잘못을 범한다.

그리고 그들은 마침내 죽음에 이르러 후회한다. 자신의 삶이 너무나 공허했던 것을 비로소 자각한다. 그들은 마지막에 이르러서야 자신이 삶을 제대로 맛보지 못했다며 실망하는 것이다. 자기 스스로 자신의 삶을 기만한 것을 알아 깜짝 놀라고 만다.

014
인생의 두 가지 과제

인생에는 두 가지 과제가 있다.

첫 번째는 생활의 문제를 해결해야 한다는 것.
그런데 이 과제를 해결하고 나면
우리는 오랫동안 무거운 짐을 짊어져야 한다.

두 번째 과제는 권태를 물리쳐야 한다는 것.
첫 과제를 해결한 뒤 안정된 생활을 덮쳐오는
악마 같은 권태를 극복해야 한다.

한마디로 정리하면,
첫 번째 과제는 무엇인가를 획득하는 것이다.
두 번째 과제는 그것을 인식하지 않는 것이다.

015
권태를 경계하라

우리는 인생의 곳곳에서 생존 경쟁을 펼친다. 매 순간 맞닥뜨리는 위험과 해악에서 자신을 보호하기 위해 애쓴다. 그 일에 성공하고 나면 한동안 고통 없는 안락한 생활이 찾아온다. 하지만 잠시뿐. 평온한 상태는 권태의 공격으로 금방 막을 내린다. 곧 새로운 삶의 고통을 느끼게 되는 것이다.

인간의 욕망과 환상 뒤에는 권태가 도사리고 있다. 인간의 욕망과 환상이 운동을 멈추면 존재의 무가치와 삶의 공허가 권태라는 이름으로 드러나고 만다. 인간의 욕망과 환상은 충족되는 경우가 거의 없다. 기껏해야 고통이 없는 상태에 다다를 뿐이다. 어쩌면 그 상태가 인간이 권태의 손아귀에 붙잡혔다는 증거일 수 있다. 호화로운 향연이 무슨 소용이란 말인가. 보석과 명예로 치장한 몸뚱이가 무슨 의미란 말인가. 무희들의 춤과 재미난 놀이가 다 뭐란 말인가. 인간이 권태에 빠지지 않으려면 무엇인가를 얻기 위해 계속 노력해야 한다. 그리고 순수하게 지적인 일에 몰두해야 한다.

016
존재는 일종의 오류가 아닐까

인간이라는 존재는
일종의 오류가 아닐까?
인생은
환상으로부터 깨어나는 과정이 아닐까?

우리의 삶은 불타오르는 욕정과
황홀한 육체의 쾌락 속에서 시작되었다.
그리고 우리는 언젠가
육체의 모든 부분이 낱낱이 분해되어 썩는
악취 속에서 종말을 맞이한다.

017
잠깐의 존재일 뿐

　인생은 아주 미세하다. 저마다의 삶은 현미경으로 들여다 보아야 간신히 알아볼 수 있을 만큼 작고 사소하다. 그럼에도 우리는 인생을 공간과 시간이라는 두 개의 도수 높은 렌즈로 확대해 바라보는 잘못을 범하고는 한다.

　어떤 쾌락이나 행복을 놓쳐버렸다며 과거를 한탄하는 인간은 얼마나 어리석은가? 실제로 과거에 그 쾌락이나 행복을 손에 넣었다 한들 그의 삶이 얼마나 달라졌겠는가? 작고 사소하기 짝이 없는 저마다의 인생에 그런 후회는 추억 속에 나뒹구는 말라빠진 미라에 지나지 않는다. 어디 과거뿐이겠는가. 인간의 삶에 깃드는 모든 운명이 그러하다.

　인간이나 동물이나 모든 존재는 고정불변한 것이 아니다. 시간적으로 지속될 수도 없다. 다만 세상의 모든 존재는 끊임없는 신진대사에 의해서만 생명을 이어갈 수 있다. 잠깐의 소용돌이 같은, 그렇게 쉼 없이 흘러 움직이는 존재일 뿐이다.

018
슬픈 자각

세상의 모든 존재는 필연이 아니다.
이 세상이 반드시 존재해야 하는 것도 아니다.
세상은 분열과 분쟁으로 가득할 뿐이다.

고통스럽다고? 괴롭다고?
아무것도 분간할 수 없다고?
당연하다.
세상에는 온갖 해악과 우매함이 가득하니까.

인간의 사고와 지성도 마찬가지다.
이 세상에 그것이 꼭 필요한 것도 아니다.
어차피 인간은 공허에 사로잡혀
사물의 참된 본질을 인식하지 못하니까.

019
초월적 의지를 바란다면

당신은 초월적 의지를
자신의 내부에 고양하고 싶은가?
그렇다면 당신은 기꺼이
고통과 고뇌와 실패를 절실히 받아들여야 한다.
그것은 선박의 밸러스트(ballast)와 같다.

밸러스트가 무엇인가?
그것은 배에 실은 화물의 양이 적을 때,
균형을 유지하기 위해 바닥에 싣는 중량물이다.
밸러스트는 배를 무겁게 만들지만,
그래야만 배가 적절히 가라앉아 흔들리지 않는다.
폭풍우가 몰아쳐도 안전성이 확보되는 것이다.
당신의 불안한 인생에는
고통과 고뇌와 실패의 역할이 그러하다.

020
인생은 욕망 그 자체

인생은 욕망의 발현(發現)이다.
인생은 객체화된 욕망에 지나지 않는다.
인간은 욕망해서 불행해지는 것이 아니라
욕망 그 자체로 이미 불행한 존재다.

왜냐하면,
인간의 욕망은 만족되는 법이 없으니까.
인간의 욕망은 중지할 수도 없으며,
모든 미혹의 원인이 되니까.

인간은 스스로 욕망을 제어한다고 믿지만,
욕망 자체가 인간의 근본적인 오류다.

021
객체를 인식하는 유한한 존재

시간은 영원할 뿐이다. 시간은 우리를 구원하지도 않고 해치지도 않는다. 시간은 그냥 무(無)일 따름이다.

지금 나는 한 그루의 나무를 바라보고 있다. 백 년 전에는 나 아닌 누군가가 이 나무를 바라보았을 것이다. 나와 그 사람이 같은 나무를 바라보는 행위 사이에는 아무런 차이가 없다. 그 나무라는 객체가 나의 주체 의식과 백 년 전 사람의 주체 의식 속에 똑같이 존재한다. 나와 그 사람의 의식에 존재하는 나무가 곧 나무의 이데아다. 이데아는 시간을 인식하지 않으며, 인정하지도 않는다. 단지 하나의 객체를 인식하는 주체 의식이 유한한 존재일 뿐이다.

022
희극과 비극

인간의 삶은 부분으로 보면 각각의 희극이고, 전체로 보면 하나의 비극이다. 우리는 매일 그날의 생활에 욕망과 두려움을 드러내며 살아간다. 어느 순간 고뇌와 걱정이 휘몰아치기도 한다. 다만 그것은 모두 순간의 감정일 뿐이다. 우리는 머지않아 그와 같은 순간의 감정을 잊고 새로운 기쁨을 좇는다. 그러니 인생을 각 부분으로 살펴보면 희극이 아닌가.

하지만 우리는 일생 동안 온갖 노력을 기울여도 아무런 보상을 얻지 못한다. 우리가 품었던 모든 희망은 끝내 수포로 돌아가기 일쑤다. 그러다가 언젠가는 우리 모두 분명히 죽음에 이르고 만다. 설령 그것이 미혹일지라도, 인생은 하나의 비극이 틀림없다.

그처럼 인간의 삶은 희극과 비극을 동시에 연출한다. 그런 까닭에 인간은 늘 혼란한 상태에 빠져 살아가게 된다. 결국 인간은 매우 가련한 존재일 수밖에 없다.

023
중용의 길은 어려워

    격언 중에는 이 세상을 건너가는 방법에 대한 교훈을 담은 것이 많다. 그중 어떤 격언은 우리에게 "게으르고 어리석다!"라며 꾸짖는다. "좀 더 집중하고 완강해져라!"라고 소리치기도 한다. 그에 비해 또 다른 격언은 "너무 오만하고 무례하다!"라며 우리를 나무란다. 한 걸음 더 나아가 "악마처럼 잔혹하다!"라고 거센 비판을 쏟아내기도 한다.

    보통의 인간은 앞서 이야기한 두 가지 격언 사이를 오가며 인생을 살아간다. 어느 한쪽에만 일방적으로 귀를 기울이고 다른 한쪽에는 철저히 귀를 닫는 사람은 거의 없다. 그만큼 자신의 삶을 확고부동한 자세로 살아가기 쉽지 않다는 말이다. 많은 사람들은 그저 두 가지 격언 중 어느 한쪽에 쏠리지 않는 삶을 살기 위해 중용의 길을 좇을 따름이다. 그런데 중용의 길은 선(線)과 같아 자칫 양쪽 격언 사이에서 비틀대며 기우뚱하기 십상이다.

024
우리의 생이란

어느 날 갑자기
어떤 곳인지 전혀 알지 못하고 들어온
험난한 곳,

여기가 바로
우리의 생(生)이다.

025
끊임없이 이어지는 고뇌

인간의 생활은 생존을 유지하기 위한 쉼 없는 투쟁의 연속이다. 그럼에도 그 생존조차 필연적으로 사라지고 마는 운명을 지닌다. 그 같은 사실만으로도 인생의 괴로움을 충분히 설명할 수 있지 않은가.

인간의 삶은 하나의 곤궁을 물리쳤나 싶다가도 이내 또 다른 두려움과 공허, 권태가 밀려온다. 그 두려움과 공허, 권태를 다시 물리치려면 이전보다 더한 고통을 겪어야 한다. 왜냐하면 인간은 물자체가 아니라 의지의 현상일 뿐이기 때문이다. 끊임없는 고뇌와 노력으로 근근이 생존을 연명해 나가야 하는 존재일 뿐이기 때문이다.

그렇다. 인간이란 존재는 일시적 만족감을 얻어봤자 금세 공허에 빠져들게 마련이다. 그 감정은 자기 자신을 스스로 감당하기 어려운 짐으로 여기게 만든다. 극소수 사람들은 수준 높은 인식의 경지에 다다라 정신적 평온을 누리지만, 그조차 그 사람의 일생에서 아주 짧은 기간에 지나지 않는다.

026
자신을 해방시키는 것은 자신이다

때때로 인간은 괴로움을 견디다 못해 세상 밖의 어떤 힘에 매달린다. 그 대상 앞에 엎드려 구원을 요청하며 울부짖지만 아무 소용없는 일이다. 아무도 자신에게 도움의 손길을 내밀지 않는다. 누구도 구원의 은혜를 베풀지 않는다.

그런데 슬기로운 자는 머지않아 그 상황에서 벗어나 자신의 의지를 스스로 북돋는다. 인간은 의지의 현상이기도 하니까. 그 의지를 앞으로 나아가게 하는 동력은 오직 인간 자신에게 있다. 의지의 힘으로 자기 자신이 스스로 구원을 성취해야만 하는 것이다.

단언컨대, 생존은 곧 의지의 현상이다. 삶의 모든 괴로움으로부터 자신을 해방시킬 수 있는 존재는 오직 자기 자신뿐이다. 의지의 힘이 강건한 인간은 더 이상 삶의 고난에 지배당하지 않는다.

027
요지경 같은 세상

부유한 사람들은 끊임없 무료함과 싸운다.
가난한 사람들은 쉼 없이 생활의 궁핍과 싸운다.
둘 다 승산 없는 싸움이다.

평범한 사람들은 유쾌한 듯 만족한 얼굴이다.
그들은 이 세상에서 살아가는 운명을
자신들의 공로에 부합하는 것으로 받아들인다.
그와 달리 매우 뛰어난 소수의 사람들은
자주 불만스럽기 짝이 없는 얼굴빛을 내보인다.
그들은 이 세상이 자기에게 보다 더
훌륭한 운명을 내주어야 옳다고 생각한다.

028
자기 자신에게 질문할 때

    인간은 종종 스스로 자신에게 만족한다. 자기 자신을 스스로 만족시킬 수 있다는 자만심에 빠지는 것이다. 그런 인간은 천재적인 창작의 결과를 만들어내는 것이 불가능하다. 그 사람의 정신이 자기 자신에게만 집중되어 있기 때문이다.

    인간은 자기가 원하던 것을 잃거나 이루지 못해 고뇌와 궁핍을 헤맬 때 비로소 "이 세계는 대체 무엇인가?"라고 스스로에게 질문한다. 그리고 그 대답을 얻기 위해 시인은 시를 쓰고 화가는 캔버스에 그림을 그린다. 음악가는 마음의 선율을 오선지에 옮겨 적고, 철학자는 추상적 보편성 속에서 해답을 찾아 밤을 밝히는 것이다. 보잘것없는 소망만을 가진 인간은 작은 만족에 집착하므로 깊은 명상에 잠길 수 없다. 자신의 노력이 이 세상의 것으로는 도저히 만족될 수 없음을 깨달을 때에만 인간은 깊은 명상의 경지에 다다를 수 있다.

    "충분히 만족하지 못한 생각만이 당신을 현재보다 더 고양시켜준다." 요한 볼프강 폰 괴테의 조언에 귀 기울일 필요가 있다.

029
천재들의 기질

대체로 천재적 인물들은
정열적이면서도 과격한 기질을 지닌다.
그런 성향은 천재들의 작업에 있어
필수불가결한 기질이기도 하다.

천재들의 강력한 의지는
충족되자마자 곧 결핍에 시달린다.
천재들의 드높은 인식은
자신의 의지를 떠나 세계의 근원으로 기운다.

030
없어서는 안 될 고뇌

인생은 고뇌를 직접적인 목적으로 한다. 이 세상에 가득한 고통과 궁핍과 재앙이 모두 우연이 아니기 때문이다. 고뇌는 천재에게도 없어서는 안 될 매우 중요한 조건이다. 고뇌가 있어 윌리엄 셰익스피어는 글을 썼고, 플라톤은 철학을 탐구했다. 만약 그들이 현실 세계에 만족해 안락한 생활을 즐겼다면 그처럼 위대한 업적을 남기지 못했을 것이다.

그러므로 우리도 현실 세계에 만족해 안주하는 습성을 버려야 한다. 가끔이라도 현실 세계와 절연한 후 사유의 세계에서 자기 자신을 만족시키려는 노력을 기울여야 한다. 이쯤에서 다시 한 번 요한 볼프강 폰 괴테의 말에 주목할 필요가 있다. 그는 "참혹한 고뇌가 현재의 당신을 더욱 고양시켜준다."라고 조언했다.

031
작은 고통에 매달리는 어리석음

장애물에 맞닥뜨리지 않는 한, 강물은 소용돌이를 일으키지 않는다. 인간의 본성도 그와 다르지 않다. 인간은 자신의 의지와 일치하는 환경에는 별다른 주의를 기울이지 않는다. 만약 인간이 어떤 것에 각별히 주의한다면, 그것은 그의 의지가 방해받고 있다는 사실을 증명한다. 강물이 장애물을 만난 것과 같은 상황인 것이다.

인간은 자신의 의지가 방해받을 때, 그러니까 그로 인해 고통과 불쾌감을 느낄 때 매우 직접적이고 명료하게 인식한다. 이를테면 우리가 평소 육체의 건강이 주는 전체적인 안정을 느끼지는 못하면서 신발 속에 들어간 작은 돌멩이 탓에 통증을 호소하는 것과 같다. 그처럼 우리는 자신의 의지에 부합해 순조롭게 흘러가는 일들에는 주목하지 않으면서, 우리를 괴롭히는 몇몇 일들에만 과민하게 반응하는 어리석음을 범하고는 한다. 그런 까닭에 나는 일찌감치 고통은 적극적이며, 평온과 행복은 소극적인 것이라고 이야기해왔다.

032
삶은 투쟁이다

　우리는 초원에서 풀을 뜯고 있는 사슴과 같다. 그 사이에 사나운 도살자들은 우리를 하나씩 노려보며 다음 사냥감을 고르고 있다. 그와 마찬가지로 우리가 안락을 느끼고 있는 이때에 질병과 가난, 박해와 죽음 따위가 호시탐탐 우리를 살피고 있는지 모른다.

　인간의 역사는 우리에게 전쟁과 반란의 피바람을 이야기해 준다. 평화로운 시간은 전쟁과 반란 사이에 조금씩 깃들어 있을 뿐이다. 잠깐의 휴식이라고나 할까? 개인의 삶 역시 그와 다르지 않다. 우리의 삶은 궁핍과 권태, 생로병사에 맞서는 끊임없는 투쟁의 연속이다. 또한 타인들과 벌이는 실제의 투쟁이기도 하다. 우리는 세상 곳곳에서 적과 맞닥뜨려 치열하게 싸우다가 무기를 손에 쥔 채 죽어가는 운명이다.

033
오만을 경계하라

만약 대기의 압력이 완전히 사라진다면,
인간의 육체는 순식간에 파열해버리고 만다.
그와 마찬가지로 인간의 삶에서
고난, 걱정, 궁핍, 재앙, 불안, 고뇌 같은 것을
전부 제거한다면 어떻게 될까?
그러면 인간이 파열하지 않을지는 몰라도
오만이 부풀대로 부풀어 오를 것이다.
그리하여 순식간에 인간을
안하무인의 광란으로 이끌 것이 틀림없다.

034
세상의 순리를 받아들여라

　인간에게는 전 생애를 통해 짊어져야 하는 무거운 짐이 있다. 쉼 없는 노동과 고뇌, 불안 따위가 그것이다. 그래서 사람들은 항상 더 나은 안락과 풍요의 세상을 그리워한다. 하지만 그런 세상이 과연 바람직한가? 모든 욕망이 생겨나자마자 곧 충족되는 세상이 된다면, 우리는 자신의 삶을 무엇으로 채우기 위해 노력할 것인가? 어떻게 우리에게 주어진 시간을 보람 있게 소비할 수 있단 말인가?

　모든 것이 바라는 대로 곧장 이루어지는 유토피아가 인간에게 주어졌다고 상상해보라. 아무런 고생이나 희생 없이 사랑을 쟁취할 수 있는 세상에서 우리는 얼마나 권태롭겠는가? 어쩌면 사람들은 지독한 권태에 질려 서로의 목을 조르는 비극을 일으킬지 모른다. 인간 스스로 만들어내는 그와 같은 비극의 고통은 지금 우리에게 주어진 자연의 고통과 견줄 수 없을 만큼 크게 느껴질 것이다. 그러므로 우리는 이 세상의 순리를 긍정적으로 받아들이는 태도를 가져야 한다.

035
동물에게 없고 인간에게 있는 것

인간은 기억력과 추리력을 통해 쾌락과 고통을 축적한다. 그래서 동물처럼 현재의 고통을 오로지 현재의 고통으로만 느끼지 못한다. 인간은 고통 받고 있지 않을 때도 고통을 예감하고 상상하며 불안해한다. 인간의 사고 능력이 바로 그와 같은 현실을 만든다.

인간도 동물같이 수없이 반복되는 고통을 항상 최초의 고통처럼 느낀다면 얼마나 좋을까? 인간이나 동물이나 공통된 쾌락과 고통의 요소를 지니고 있지만, 인간의 사고 능력이 쾌락과 고통을 축적해 행복과 불행에 관한 감정을 더욱 고취시킨다. 그리하여 인간을 동물과 달리 타락과 도취, 절망과 죽음의 상태로 내몰고는 하는 것이다.

또한 인간의 사고 능력은 동물에게는 없는 전혀 새로운 성질을 만들어내기도 한다. 그것은 다름 아닌 술, 담배, 마약, 식탐, 겉치레, 과시욕 같은 것들이다. 더 나아가 명예심, 수치심, 야망 같은 심리를 빚어내기도 한다. 그러한 인간만의 성질은 매우 다양하면서 때로는 기이한 형태로 나타난다.

036
동물보다 어리석은 인간

　동물은 인간과 달리 현재적 존재다. 현재를 즐길 줄 아는 동물은 인간보다 슬기롭다. 인간은 항상 걱정과 불안에 휩싸여 살아가지만 동물은 당장 눈앞에 위험이 닥치지 않는 한 평온을 잃지 않는다.

　또한 인간은 줄기차게 희망을 가지며, 그 기대감에 들뜨기 일쑤다. 그러다 보면 정작 희망을 이루었을 때 기쁨이 감소되어 일종의 허무감을 느끼게 된다. 하지만 동물은 그렇지 않다. 동물은 인간과 달리 섣부른 기대감, 그러니까 기쁨을 선불로 받는 것 같은 우매함에 빠지지 않는다. 동물은 현재 그 자체를 100퍼센트 향락하는 것이다. 그와 마찬가지로 재앙에 대해서도 똑같아, 동물은 재앙이 현재가 되었을 때만 그 무게에 짓눌린다. 인간처럼 미리 두려워하다가 그 무게를 몇 배로 느끼는 우를 범하지 않는 것이다.

037
미지의 삶을 선고받다

막이 올라가지 않은 극장에 어린아이들이 앉아 있다. 그들은 곧 무대에 펼쳐질 연극을 상상하며 설렘과 기대감으로 잔뜩 고무되어 있다. 우리의 인생도 그와 같다. 인간은 미래를 알지 못한다. 그래서 무대 앞의 어린아이들처럼 막연한 행복을 소망한다.

하지만 무대 앞의 어린아이들은 미지의 삶을 선고받은 상태다. 앞으로 어떤 형벌이 내려질지 모르는 순진한 죄수에 지나지 않는다. 그 아이들은 자라나면서 인생이 계속되기를 바란다. 번번이 실망하지만, 다음 장면에서는 자신이 기대하는 삶이 실현되기를 소망하면서. 그러나 내가 보기에 그것은 헛된 바람이다. 그들은 오늘보다 더한 내일의 불행을 바라는, 그리하여 끝내 최악의 불행에 다다르는 애처로운 존재이다.

038
유쾌하지 않은 나의 철학

세계는 지옥이다.
인간은 그 속에서 끊임없이 시달리는
망령에 지나지 않는다.
또 어느 면에서 인간은
지옥의 세계를 활보하는 악마와 같다.

이렇게 생각하는
나의 철학은 유쾌하지 않다.
어쩌면 아무런 위안도 건네지 못하겠지.
그럼에도 나는 결코,
"이 세계가 매우 훌륭하게 창조되었다."라고는
이야기하지 않을 것이다.
그런 말을 듣고 싶다면 교회로 가야 한다.

039
선하지 않은 세계

이 세계가 지극히 선하다고?
창조주의 지혜로운 걸작이라고?
나는 그런 의견에 반론을 제기하고 싶다.
거기에는 두 가지 근거가 있다.

그중 첫 번째 근거는
이 세계에 가득 들어차 있는 비참이다.
그런데 어떻게 이 세계가 선하다고 말하는가.
그다음 두 번째 근거는
가장 발달된 현상인 인간의 불완전이다.
인간마저 이 세계와 영영 일치할 수 없는
너무나 불완전한 존재라는 뜻이다.

040
타인에게 관대하라

우리는 자주 타인을 평가한다. 그럴 때 인간의 본질을 이루고 있는 것이 무엇인지 곰곰이 생각해볼 필요가 있다. 인간의 본질은 원죄로 가득 차 있지 않나. 뭔가 뒤틀리고 불합리한 것으로 가득 차 있지 않나. 나아가 모든 인간은 언젠가 죽음의 손에 넘겨질 운명이 아닌가.

그와 같은 생각을 하다 보면, 우리는 어느새 타인에게 점점 관대해지는 자신을 발견할 수 있다. 설령 상대방의 내부에 숨어 있던 악마의 얼굴이 드러난다고 해도 크게 놀라지 않을 것이다. 그뿐 아니라, 어쩌다 그 사람의 선과 지성이 엿보이기라도 하면 더 큰 감동을 느끼게 될 것이다. 그러니 타인을 평가할 때는 인간은 누구나 자신의 존재를 위해 쉼 없이 투쟁한다는 사실을 되새겨야 한다.

3장

경험적 의식에서 벗어나
초월적 의식을 가져라.

001
단순한 삶 이상으로

인간은 자신의 생애를
'단순한 삶' 이상으로 고양해야 한다.
그러면 어떤 쾌락과 고통,
어떤 사건 따위가
자신의 자아에 아무런 영향도 끼치지 못한다.
단순한 삶에서 느끼던 온갖 고난이
그저 심술궂은 장난이나
유치한 다툼쯤으로 여겨지는 것이다.
거기에 진지한 투쟁은 존재할 필요가 없다.
단순한 삶 이상으로 세상을 살아간다면,
심각하게 생각할 문제가 별로 없다는 사실을
비로소 당신은 깨닫게 될 것이다.

002
어리석은 자들의 잠꼬대

실연의 아픔을 겪었다고
죽음을 동경하는 사람들이 있다.
남들의 평판을 걱정하거나
여러 가지 하찮은 일에 집착해
자신의 목숨을 저버리는 사람들도 있다.
또한 많은 사람들이
함부로 무모한 도전에 나섰다가
삶의 의욕을 완전히 잃어버리기도 한다.
이성을 잃은 채 오로지 이익만 쫓느라
주사위 던지기 같은 도박성 삶에
일생의 행복을 내던지는 사람들도 있다.

그런 사람들은 한마디로
단순한 정열에 사로잡혀 있는 자들이다.
그 모든 일이 어리석은 자들의 잠꼬대이다.

003
인간 혐오란 무엇인가

악인은 다른 사람을 해치려는 마음을 갖는다. 인간 혐오는 그것과 전혀 다른 기질이다.

악인은 사악한 의욕이나 증오심 같은 주관적 감정으로 다른 사람들과 충돌을 빚는다. 그 감정이 점점 커져 급기야 자신에게 장애가 될 수 있는 타인을 해치려 들기까지 한다. 그러니까 악인은 언제나 주관적 입장에서 특정한 상대방을 증오하는 것이다.

그에 비해 인간 혐오는 타인을 객관적으로 인식해 갖게 되는 감정이다. 따라서 어느 특정인에 대한 감정이라기보다는 인간 전체에 대한 감정이라고 정의할 수 있다. 개개인에 대한 실망이나 분노가 아니라 인간 전체에 공통적으로 갖는 마음인 것이다. 그러므로 인간 혐오는 일정 부분 고귀한 분노이며, 그 안에는 자기 스스로 다른 사람들보다 우월하다는 인식도 깃들어 있다.

004
자살자와 은둔자

자살자와 은둔자는 다르다. 자살자는 자신을 사랑하면서도 어떤 사정으로 인해 삶의 애착을 버리고 삶을 혐오하게 된 것이다. 어느 면에서는 타인을 해치는 악인처럼 개인을 상대로 한다는 공통점이 있다. 그와 달리 은둔자는 인간 전체에 대한 감정에서 행위가 시작된다. 인간 전체에 혐오감을 느껴 이 세상에서 도피하려 드는 것이다. 그 바탕에는 앞서 말한 인간 혐오의 감정이 소용돌이친다.

그러므로 자살자는 일정한 항로에만 훈련되어 있는 초급 선원에 비유할 만하다. 그에 비해 은둔자는 자신의 항해도를 정확히 읽고 나침반과 망원경 등을 능숙하게 다뤄 세계 어디든 항해할 수 있는 숙달된 선원이다. 자살자는 곤란에 처한 부분만 해결되면 금세 일상으로 돌아오지만, 은둔자는 근원적 문제인 까닭에 좀처럼 흔들리지 않는다.

005
성자와 자살자

성자는 플라톤이 말한 이데아나
물자체(物自體)를 인식하는 능력을 갖고 있다.
그와 달리 자살자는
무작정 시공간과 인과율(因果律)만 따른다.

그리하여 성자는
자신의 의지의 방향을 스스로 전환할 수 있지만,
자살자는 생활과 삶에 집착할 뿐이다.
결국 스스로에게 절망해
자기 자신만을 산산이 깨뜨리고 만다.

006
자살의 원인

자신의 목표를 분명하게 인식하고 있으면서도 도저히 거기에 다다를 수 없다는 사실을 깨달았을 때 인간은 깊은 절망에 빠진다. 인간은 의욕에 충만한 존재이므로, 자신의 의욕이 헛된 것임을 인식하고도 좀처럼 그 상황을 벗어나지 못한다. 그 결과, 모두가 그렇지는 않지만, 쉼 없이 밀려오는 의식의 발현을 더는 견디지 못하는 상태가 되어 자살을 결심하는 것이다. 인간은 그 단계에 이르기까지 참담한 절망과 사상의 혼란으로 줄곧 고통을 당한다.

007
자살은 망집이다

자살은 망집(妄執), 즉 망령된 고집이다. 또한 자살은 살고자 하는 의지의 극단적인 표현이기도 하다. 우리는 명심해야 한다. 자살을 통해 멸망하는 것은 삶 자체가 아니라는 사실을. 자살을 시도하는 사람들은 자신이 인간이라는 현상을 중단시킨다고 해도 물자체가 여전히 존속한다는 점을 망각하고 있다.

하늘에 걸린 무지개를 떠올려보라. 빗방울이 낙하하며 무지개를 만들지만 그것은 순식간에 그칠 따름이다. 물론 인간이 살고자 하는 의지를 버려 해탈에 이를 수는 있다. 하지만 하나의 생명은 살고자 하는 의지가 나타내는 여러 현상 중 일부일 뿐이다. 설령 그 현상을 파괴하더라도 인간의 의지 자체에는 아무런 변화도 없다. 인간의 살고자 하는 의지는 자살하는 개인의 죽음 따위에 연연해하지 않기 때문이다. 그 후에도 수많은 개체들 속에 인간의 살고자 하는 의지가 여전히 남아 있다.

008
저마다 다른 성격

인간은 저마다 다른 성격을 지니고 있다. 그중 우울한 성격의 사람은 여러 불쾌한 인상들에 대해 민감하게 반응한다. 반면에 유쾌한 인상들에 맞닥뜨렸을 때는 둔감한 반응을 나타내기 십상이다. 또한 긍정적이고 쾌활한 성격도 있다. 그런 사람은 우울한 성격을 가진 사람과 달리 불쾌하거나 유쾌한 인상들에 정반대의 반응을 내보인다.

우울한 성격과 쾌활한 성격 사이에는 생각보다 큰 차이가 있다. 우울한 성격이 극심한 사람은 사소한 절망감으로도 자살을 떠올리고는 한다. 그러나 쾌활한 성격은 아무리 커다란 불행이 닥쳐도 본능적으로 자신을 달래는 요령이 있다. 그러니까 인생을 살아가면서 똑같은 장애물을 만났을 때, 어떤 사람은 그것을 1천 킬로그램의 힘을 들여 파괴하는 데 비해 또 어떤 사람은 단지 10킬로그램의 힘으로 돌파하는 것이다.

009
자살은 참된 구원이 아니다

나는 자살을 반대하는
합당한 윤리적 논거를 갖고 있다.

내가 생각하기에 자살은
이 세상의 비참에서 탈출하는
참된 구원이 아니다.
그것은 구원의 껍데기에 지나지 않는다.

또한 자살은
참된 구원을 위한 최고의 윤리적 목표에
도달하는 것을 거부하는
결코 당당하지 못한 도피일 뿐이다.

010
인생이라는 꿈

악몽을 꾸다가 불안이 극에 달한 순간,
우리는 문득 잠에서 깨어난다.
그와 동시에
잠속에서 느꼈던 끔찍한 공포에서 벗어난다.

인생이라는 꿈도 다르지 않다.
우리는 그 꿈속에서
문득문득 악몽에 시달리며 괴로워한다.
그러다 어느 순간 불안이 절정에 달했을 때,
우리는 인생이라는 꿈에서 깨어난다.

011
정신과 육체의 대립

정신과 육체의 대립이 뚜렷하게 성립할 때가 있다. 우리가 고통에 맞닥뜨렸을 때 그러하다. 흔히 사람들은 지독한 육체의 고통에 직면하면 정신의 여러 근심들을 순간 잊어버린다. 오직 육체의 회복에만 몰두하기 때문이다. 그만큼 육체야말로 살고자 하는 인간 의지의 대표적인 현상이라고 이야기할 수 있다.

그렇다면 인간이 극심한 정신적 고통에 시달리는 경우는 어떤가? 그때 우리는 육체의 고통을 망각하는 신기한 체험을 한다. 심지어 육체의 고통을 경멸하는 낯선 심리를 느끼기도 한다. 설령 육체적 고통이 다시 찾아와 괴롭히더라도 그 상황을 정신적 고통의 휴지 기간으로 여겨 다행스럽게 받아들일 정도다.

012
이탈은 인간의 자유다

'이탈'은 인간에게 주어진 자유다. 동물은 자연에 철저히 속박되어 그런 자유를 누리지 못한다.

그와 같은 인간과 동물의 차이를 나무열매에 빗대어 설명할 수 있다. 동물은 설익은 채 영영 나뭇가지에 매달려 수액만 빨아먹는 존재다. 그에 비해 인간은 스스로 무르익어 나뭇가지에서 땅바닥으로 내려올 수 있는 이탈의 존재다. 그러므로 인간은 마땅히 덕과 고난을 비롯해 세상의 모든 것으로부터 스스로 이탈하는 자유를 만끽해야 한다.

하지만 안타깝게도 현실은 그렇지 못하다. "거의 모든 인간은 나뭇가지에 매달린 채 썩어가는 산사나무 열매와 같다."라는 『파우스트』 속 악마 메피스토펠레스의 말이 그런 현실을 조롱한다.

013
경험적 의식을 벗어던져라

초월적 의식에 도달하고 싶은가?

그렇다면 경험적 의식을 떨쳐버려야 한다. 즉 자기 자신에서 벗어나야 한다는 말이다. 생각해보라. 우리는 여름을 겨울로 가져갈 수 없다. 한 줌의 눈뭉치를 폭염의 무더위 속에 저장할 수 없다. 꿈속의 아름다운 장면을 각박한 현실로 옮겨올 수도 없다. 그와 마찬가지로 우리는 초월적 의식을 경험적 의식 속에서 잉태할 수 없다. 초월적 의식이 선사하는 위안을 경험적 의식 속에서는 느낄 수 없는 것이다.

참된 기쁨을 얻고 싶은가?

그 기쁨은 모래밭이 아닌 반석 위에 세워지는 기쁨이다. 그런데 우리의 경험적 의식은 그 기쁨을 제대로 실현할 수 없다. 왜냐하면 그와 같은 기쁨은 초월적 의식에서만 가능한데, 경험적 의식이 초월적 의식을 멸망처럼 부정하기 때문이다.

014
둘 중 하나를 선택하라

초월적 의식에 관해 한 가지 더 이야기할 것이 있다.

우리는 삶을 살아가면서 경험적 의식과 초월적 의식 가운데 어느 한 가지를 선택해야 한다. 그런데 문제는 둘 사이의 경계가 뚜렷하지 않다는 점이다. 서로 다른 둘 사이는 가느다란 선으로 나뉘어 선명히 구분되지 않는다. 둘 사이에 서로 맘대로 오가는 것이 가능한 눈에 확 띄는 물리적 경계는 없다.

그런 경계를 바라는 태도는 마치 하늘을 섬기면서 지상의 꽃을 마구 꺾는 것과 다르지 않다. 한마디로 불가능하다는 말이다. 우리가 어느 한쪽 영역으로 들어서기 위해서는 반드시 다른 한쪽 영역을 부정하고 포기해야만 한다. 양쪽 모두를 아우르는 삶은 존재하지 않기 때문이다. 우리에게는 삶 속에서 초월적 의식과 경험적 의식 중 어느 하나를 선택할 수 있는 자유만 주어졌다.

015
지적 악덕의 정체

세상에는 도덕적 악덕만 있는 것이 아니다.
그에 못지않은 지적 악덕도 횡행한다.
그렇다면 지적 악덕을 실천하는 자는 누구인가?
그들은 사이비 학자와 궤변가들이다.

지적 악덕은
마치 진리에 저항하기 위해 태어난 것처럼 보인다.
사이비 학자와 궤변가들의 지적 악덕은
세상 곳곳에서 진리에 반항한다.
지적 악덕은 내심 진리를 두려워하면서도
세상 곳곳에 온갖 엉터리 이론을 뿌리고 다닌다.

그리고 대부분의 경우
지적 악덕은 도덕적 악덕을 보좌한다.

016
평범하고 속된 인간은

　평범하고 속된 인간은 진리의 적막을 견디지 못한다. 그들은 속물의 삶을 사는 것이 훨씬 더 익숙하다. 그와 같이 범속한 사람들과 사이비 학자들은 툭하면 신을 내세워 타력(他力)에 의존하려는 습성을 내보이기도 한다. 자신들은 아무 노력을 기울이지 않으면서 스스로 만들어낸 신으로부터 구원받는다는 망상에 빠져드는 것이다. 또한 미래에는 자신들의 모든 문제가 저절로 해결될 것이라는 착각에 사로잡혀 현재의 고난을 대수롭지 않게 여기는 어리석음에 매몰되기도 한다. 그것은 고뇌 끝에 반드시 낙이 온다는 이상한 믿음 같은 것이다.

　하지만 범속한 인간의 바람은 절대 실현되지 않는다. 그들은 언젠가 자신들이 죄업과 미혹, 고뇌의 삶에 영원히 지배당하며 살아가야 한다는 사실을 실감하게 된다. 그런 생활은 지옥에서 신음하는 죽은 자의 그것과 같아 고통스럽기 짝이 없는 결말을 낳는다.

017
경멸에서 비롯된 관용

흔히 사람들은 관용을 베푸는 이를 칭찬한다. 그것이 덕의 실천이라고 생각하는 것이다. 하지만 나의 견해는 다르다. 관용은 인류에 대한 경멸에서 비롯된다.

무슨 말일까? 위대한 사람은 평범한 사람들을 자기 자신과 동등한 존재로 여기지 않을 때가 있다. 따라서 그들은 평범한 사람들에게 자기 자신에 대해 기대하는 것만큼 높은 기대감을 갖지 않는다. 애초에 인간을 바라보는 눈높이가 다르다는 뜻이다. 바로 그런 감정이 경멸이 아니고 무엇인가. 위대한 사람이 평범한 사람들을 경멸하는 순간, 그는 아무 거리낌 없이 관용의 덕을 베풀 수 있다. 그 상황은 인간이 이성 없는 동물들에게 아무런 기대감을 갖지 않아 오히려 너그러워지는 것과 비슷하다.

018

스스로 체험하는 고뇌

생존을 의욕하는 의지를 버리면,
그 의지의 발현인 이 세계로부터 해방된다.
그 경지에 이르게 하는 것은
눈으로 보아온 고뇌와 직접 체험하는 고뇌다.

여기서 꼭 명심할 점이 있다.

눈으로 보아온 고뇌만으로는
해방의 경지에 다다르기 매우 어렵다.
그것이 가능한 사람은 고매한 성자들뿐이다.
평범한 사람은 스스로 고뇌를 체험해야만
의지의 발현인 이 세계로부터 해방될 수 있다.

019
천재의 고뇌

천재에게 고독은
필연적이고 본질적인 고뇌다.

천재는 이 세상에서 좀처럼
자기와 닮은 사람을 찾아볼 수 없다.
아니, 자기와 겉모습만 같을 뿐
전혀 다른 사람들에게 둘러싸여 있다는
막막함을 느끼기 십상이다.

그런데 바로 그 고독의 고뇌가
천재로 하여금 살고자 하는 의지를 버리게 해
이 세계로부터 해방에 이르게 한다.
도무지 자기와 닮은 사람을 찾을 수 없는
이 황량한 세계를 기꺼이 단념하게 한다.

020
스스로 어둠의 덮개를 걷어내라

누구나 자기 자신에게 물어야 한다.
"나는 어째서 긴 시간을 살아가는가?
고뇌하기 위해서인가?
나 자신의 의지를 버리기 위해서인가?"

인간은 항상
과거의 자신, 현재의 자신, 미래의 자신으로
혼재(混在)되어 살아간다.
자신을 뒤덮은 어둠의 덮개를 걷어낼 사람은
오직 자기 자신밖에 없다.

021
애욕이 가져오는 허무함

　인간에게 충동하는 성욕은 도깨비불과 같다. 어여삐 반짝이는 그 불빛에 현혹되어 망연히 쫓아가다 보면 우리는 어둠 속 늪지대에 들어서기 십상이다. 그리고 성욕의 도깨비불은 어디론가 돌연 사라져 그림자조차 찾아볼 수 없다.

　성욕의 쾌락은 부조(浮彫) 형식의 조각상에 비유할 만하다. 그 조각상은 앞에서 바라보면 아름답지만, 뒤쪽을 살펴보면 울퉁불퉁 거칠어 볼품없게 마련이다. 인간의 애욕(愛慾)이 일으키는 환영도 그와 다르지 않다. 언뜻 한없는 기쁨과 행복을 가져다주는 낙원처럼 보이지만, 그 뒤에 찾아오는 감정은 허무함일 뿐이다. 뭐 역겨운 것이라고까지 폄훼할 수는 없지만 더없이 무의미하다는 느낌에 사로잡히게 된다.

022
살고자 하는 의지의 부정이란

오해하지 마라.
내가 말하는 살고자 하는 의지의 부정이란
결코 물체의 소멸을 의미하지 않는다.
그것은 지금까지 의욕해왔던 것들을
더 이상 의욕하지 않는 상태를 뜻한다.

그러니까 단지 의욕하지 않는 행위일 뿐이므로,
의지의 현상인 인간에게
의지의 부정은 무(無)로 향하는 것이다.

그 상태가 바로
불교에서 가르치는 열반이며,
일찍이 플라톤이 이야기한 이데아다.

023
신약성서와 닮은 나의 철학

나의 윤리학과 다른 철학자들의 윤리학을 『신약성서』와 『구약성서』의 관계로 비교할 수 있다. 『구약성서』는 인간을 율법의 지배 아래에 두려고 한다. 하지만 율법이 인간을 구제할 수는 없지 않은가. 그에 비해 『신약성서』는 율법을 불완전한 것이라고 판단한다. 그리하여 인간을 율법의 지배에서 해방시킬 것을 주장한다. 나아가 『신약성서』는 '은혜의 나라'를 설교하면서, 그곳에 다다르려면 믿음과 더불어 자기 부정을 이루어야 한다고 이야기한다. 그런 노력이 세상의 악으로부터 자신을 구원하는 유일한 길이라고 강조하는 것이다. 한마디로 금욕주의가 『신약성서』의 기본 정신이라고 말할 수 있다.

그와 같은 『신약성서』의 가르침은 곧 나의 윤리학을 설명한다. 나 역시 이 세상으로부터 구원에 이르려면 의지의 부정을 이루어야 한다고 설파해오지 않았나. 또한 이 세상이 얼마나 경멸스러운지 낱낱이 해석해오지 않았나. 그러므로 나의 윤리학이 가진 기본 정신은 『구약성서』보다 『신약성서』와 닮았다.

024
인간의 욕망은 근원적 죄악

인간의 욕망은 근원적 죄악이다. 본질적으로 경멸스러운 것이다. 인간의 욕망은 그것이 해악을 끼칠 때에만 비로소 죄악이 되는 것이 아니다. 인간의 욕망은 그 자체로 이미 죄악이라는 의미다. 따라서 내구 누누이 이야기해온 대로, 인간의 살고자 하는 의지야말로 가장 멸시할 만한 것이라는 점을 이해할 수 있을 것이다.

이 세상은 온갖 잔학과 고통으로 가득하다. 그것은 인간의 살고자 하는 의지가 구체화된 당위적 결과다. 즉 인간의 살고자 하는 의지가 주절주절 덧붙인 삶의 주석인 것이다. 인간이라는 존재가 곧 죄악이라는 사실은 죽음을 통해 증명된다.

025
고귀한 자는 운명을 한탄하지 않는다

고귀한 자는 자신의 운명을 가볍게 한탄하지 않는다. 윌리엄 셰익스피어는 그런 인간에게 작품 『햄릿』을 통해 "자네는 온갖 괴로움을 겪고 있는데, 마치 아무런 괴로움도 없는 사람처럼 보이는군."이라고 찬사를 보냈다.

자신의 운명을 쉽게 한탄하지 않는 사람은 군중 속에서도 자기 자신의 존재를 인식한다. 또한 다른 사람의 운명을 자기 자신의 그것처럼 공감한다. 그리하여 그런 사람은 자신의 운명보다 더욱 가혹한 일들이 자기 주변에서 흔히 벌어진다는 사실을 잘 알고 있다. 따라서 그는 자신의 운명을 섣불리 한탄하지 못하는 것이다.

그와 달리 저급한 사람들은 자신의 불행한 운명을 거리낌 없이 한탄한다. 모든 실재를 자기중심적 시각에서 바라보며, 다른 사람들을 한낱 허상으로 여기는 것이다. 그들은 다른 사람들의 불우한 운명에는 아무런 동정심도 발휘하지 않으면서 오직 자기 자신의 운명에만 지나칠 만큼 마음을 빼앗긴다. 그래서 툭하면 자신의 운명을 한탄하는 것이다.

026
수도원 생활의 의의

수도원은 청빈과 순결, 절대자를 향한 복종을 맹세한 사람들이 모여 생활하는 곳이다. 그들은 금욕하는 공동생활을 통해 삶이라는 무거운 짐에서 조금이나마 해방되려고 한다. 어느 면에서는 같은 체념 상태에 있는 사람들끼리 모여 함께 삶의 괴로움을 덜어내는 장소라고 이야기할 만하다. 그들은 자신과 비슷한 타인을 바라보며 자기 결심을 굳건히 하면서 위안을 얻는다. 그처럼 사람들이 어울려 생활한다는 데는 인간의 본성에 부합하는 측면도 있다.

여느 금욕 생활이 그렇듯, 수도원 생활의 핵심은 보다 선한 삶의 방법들을 취해야 한다는 점이다. 수도자들은 자신이 그러한 삶을 기꺼이 감당할 수 있다는 것을 충분히 인식한다. 나아가 그 신념을 더욱 강화하기 위해 수도원 밖의 욕망을 멸시하며 모든 향락을 무가치한 것으로 확신한다. 스스로 유혹을 물리쳐 공허한 욕망에서 벗어나는 것이다. 또한 언젠가 다가올 삶의 종말을 기다리며, 그 순간을 구원의 순간으로 믿는다.

027
어쩔 수 없이 수도사가 된 사람들

금욕하는 수도사의 길을
스스로 선택한 사람들은 아주 적다.
그런데 인류의 절반 남짓한 사람들이
자신의 의사와 상관없이 수도사로 살아간다.
즉 가난과 굴종, 재앙에 시달리는 것이다.
그들에게는 거의 모든 향락이 금지되어 있고
생활에 꼭 필요한 오락조차 허락되지 않는다.

스스로 수도사의 길에 들어선 사람들은
자신들의 생활이 언젠가 윤택해질 것이라는
불필요한 희망을 갖지 않는다.
그들은 구원을 위해 묵묵히 고행을 실천할 뿐이다.
그에 비해 어쩔 수 없이 수도사가 된 이들은
불가능한 삶의 희망을 품고 괴로워한다.

028
어떤 대화

다음은 '세계 정신'과 '인간'이 나눈 대화의 일부다.

- 세계 정신 : 당신은 노고와 고통이라는 과제를 안고 존재한다. 다른 모든 존재와 마찬가지로.
- 인간 : 그러한 생존으로부터 내가 무엇을 얻을 수 있단 말인가? 나는 생존을 위해 일할 때 고통만을 느낀다. 그렇지 않은 일에는 곧 권태만을 느낄 뿐이다. 내가 그토록 많은 고통과 권태를 감내하는데, 어찌하여 당신은 내게 항상 보잘것없는 대가를 내주는가?
- 세계 정신 : 나는 결코 그렇게 생각하지 않는다. 내가 내어주는 것이 당신의 모든 고통과 권태에 대한 적절한 보수다. 그것이 보잘것없는 이유는 존재 자체가 보잘것없는 것이기 때문이다.
- 인간 : 나로서는 도저히 이해할 수 없구나…….
- 세계 정신 : 인간이 최고의 지혜를 얻으려면, 가장 먼저 인생이 인간을 단련시켜야 한다.

029
오류 속 인생

인생은 이룰 수 없는 희망의 연속이다.
인생은 좌절하는 계획의 연속이다.
인생은 뒤늦게 알아차리는 과오의 연속이다.

"마침내 경험과 노화가
인간을 죽음으로 끌고 간다.
그제야 비로소 인간은 깨닫는다.
그토록 길고 고통스러웠던 삶의 나날 동안
자신이 오류 속에 있었다는 사실을."
조지 바이런의 이 시는 나의 생각과 일치한다.

존재는 일종의 착각이며 오류다.
인간은 존재하는 한,
이미 오류 속에 있는 것이다.

030
인생은 엄숙한 수업

인생은 엄숙한 수업이다.

우리는 자신에게 할당된 엄숙한 수업에
정중한 자세로 임해야 한다.
그리고 이미 세상을 떠난 사람들을 떠올릴 때는
그들이 엄숙한 수업을 잘 마친 것을 알아야 한다.
그들의 수업이 자신에게 매우 유익했으리라
마음 깊이 기원해야 한다.

그와 마찬가지로
우리에게 할당된 엄숙한 수업이 모두 끝나는 날,
우리는 그 사실을 다행스럽게 받아들여야 한다.

031
인간은 나약한 존재라서

인간은 하루살이와 다를 바 없는 존재다. 모든 인간은 일생 동안 불안과 고통, 가난에 시달리다 비틀거리며 죽음의 팔에 안긴다. 그 과정에 인간은 끊임없이 고개를 갸웃대며 묻고 또 묻는다. "인간의 삶은 왜 이토록 신산하단 말인가? 한낱 광대극 같은 이 희비극에 과연 어떤 의미가 깃들어 있단 말인가?" 라고.

그러다가 인간은 의문을 해결하지 못한 채 하늘을 향해 똑같은 질문을 던진다. 하지만 하늘에서는 아무런 대답도 들려오지 않는다. 다만 하늘을 대신해 사제와 목사들이 자신들의 계시를 사람들에게 내놓는다. 이상하지 않은가? 그들도 오류의 지배를 받는 인간일 뿐인데. 그럼에도 인간은 나약한 존재라서 자기 자신의 정신에 기대기보다 초자연적 근원을 주장하는 다른 정신에 스스로 의존한다.

032
종교와 형이상학의 대립

    종교와 형이상학은 서로 다른 주장을 펼칠 때가 많다. 종교를 위협하지 않고 계속 뻗어나갈 수 있는 학문은 없다. 물리학과 형이상학은 종교의 적이라고 해도 틀리지 않다. 그 같은 관계의 학문과 종교가 화해하기를 바라는 것은 말이 되지 않는다. 상대를 죽이느냐 내가 죽느냐, 종교와 형이상학은 공존할 수 없는 싸움을 벌인다.

    649년, 아랍이 이집트를 정복한 뒤 이슬람 공동체의 최고 통치자인 오마르가 알렉산드리아 도서관의 귀한 필사본들을 가져다 목욕탕의 물을 데우는 불쏘시개로 썼다. 그와 같은 행위를 한 이유는 그 책들의 내용이 이미 쿠란에 들어 있거나, 아니면 불필요한 내용이라고 생각했기 때문이다. 물론 역사는 그것을 우매한 행위로 평가한다. 그런데 이슬람 종교의 관점에서는 '한 알의 소금' 같은 행위였다. 앞으로도 만약 어떤 학문이 쿠란을 능가한다고 주장한다면, 그것은 또다시 종교의 적으로 간주될 것이 틀림없다.

033
종교보다 커버린 인간

어느덧 인간은 종교라는 옷을 편히 입을 수 없을 만큼 성장했다. 마치 순진했던 어린 시절의 옷을 입지 못하는 어른처럼.

종교와 지식은 하나의 두뇌 속에서 화목하게 지내기 어렵다. 그것은 같은 우리 안에 들어가 있는 늑대와 양의 관계와 같다. 말하나 마나 인간의 지식이 늑대이고, 종교는 양과 같은 신세다. 자꾸만 지식이 종교를 잡아먹으려고 한다.

많은 종교가 삶의 고통과 죽음의 한계 속에서 윤리성에 주목하고 있다. 종교는 스스로 윤리성의 대부인 것을 자임한다. 그러나 나는 그렇게 생각하지 않는다. 종교가 윤리성을 지지하기는 하지만, 순수한 윤리성이라는 것은 어떤 종교에도 의존하지 않는다.

034
신앙은 강요할 수 없다

신앙은 사랑과 같다.
신앙은 강요할 수 없는 것이다.
어떠한 강요로도
증오를 사랑으로, 사랑을 증오로
바꿀 수는 없지 않은가.

신앙 역시 사랑과 같다.
그러므로 어떠한 강요로도
신앙을 불신앙으로, 불신앙을 신앙으로
바꾸는 것은 가능하지 않다.

035
인간이 영원불멸할 수 없다면

인간이 형이상학에 몰두하는 이유는 무엇일까?

그것은 우리의 삶이 고통과 고뇌로 가득하기 때문이다. 또한 모든 인간이 언젠가는 죽음의 운명을 피하지 못한다는 분명한 사실 때문이다. 만약 인간에게 고통과 고뇌가 지속되지 않는다면, 그리고 삶의 끝이 죽음에 다다르지 않는다면 형이상학에 빠져들 인간은 아무도 없을 것이다.

종교도 다르지 않다. 모든 종교는 어떠한 형태로든 인간의 영원불멸을 신과 연결 지어 설명하려고 한다. 따라서 만약 인간의 영원불멸이 다른 방법으로 가능해진다면 종교를 향한 뜨거운 믿음은 순식간에 사라질 것이 틀림없다. 또 만약 종교를 통한 인간 존재의 영원불멸이 절대 불가능한 것으로 밝혀진다고 해도, 더 이상 종교에 관심을 갖는 사람은 아무도 없을 것이다.

036
빛과 지성의 관계

외부의 물질 세계와 빛의 관계는 내부의 의식 세계와 지성의 관계와 같다. 생각해보라. 물질과 그 물질을 타오르게 하는 산소로부터 빛이 생겨나지 않나. 또한 의지와 하나의 의지에 지나지 않는 육체로부터 지성이 생겨나지 않나.

빛이 순수할수록, 그 물체로부터 뿜어져 나오는 연기의 양은 적다. 그와 같이 지성이 순수할수록, 지성은 그것을 생성시키는 의지로부터 멀찍이 분리되어 있다. 그러므로 우리의 삶은 물질이 연소하는 과정이라고 말할 수 있으며, 지성은 다름 아닌 그 과정에서 생겨나는 빛인 것이다.

037
위대한 정신과 종교

보통 사람들에게 종교는 유익하다.
어느 면에서는 꼭 필요한 것이기도 하다.
따라서 진리를 좇는 사람들의 인식을
종교가 방해한다고 하더라도
섣불리 종교를 비난하는 것은 삼가는 편이 낫다.

하지만 그렇다고 해서
모든 사람들이 종교를 믿는 것은 불가능하다.
괴테나 셰익스피어처럼 위대한 정신을 가진 이들은
종교에 친숙해지기 매우 어렵기 때문이다.
그들이 종교의 교리를 따르기를 바라는 것은
거인에게 난쟁이의 구두를 신기려는 꼴이다.

038
보편적 진리와 특별한 진리

보편적 진리와 특별한 진리의 관계는
금화와 은화의 관계와 같다.

금화 한 개의 가치로
여러 개의 은화를 교환하는 것이 가능하듯,
하나의 보편적 진리에서
여러 가지의 특별한 진리가 갈라져 나온다.

그러므로 진리를 추구할 때는
우선 보편적 진리에 집중해야 한다.
그것이 특별한 진리를 생성하는 첫걸음이다.

039
무엇을 선명히 기억하려면

　일상 속에서 어떤 심오한 생각이 머릿속을 스쳐 지나갈 때가 있다. 그 순간 우리는 그것을 재빨리 기록해두어야 한다. 인간이란 자신이 분명히 행한 일조차 금세 잊어버리고 마는 존재가 아닌가. 그러니 머릿속에 반짝했다가 순식간에 사라져버리는 생각이야 오죽할까. 그와 같은 심오한 생각은 일부러 떠올리겠다고 해서 나타나는 것이 아니다. 심오한 생각은 자기가 모습을 드러내고 싶을 때만 우리를 찾아오는 법이다.

　그와 달리 우리가 외부로부터 얻은 사상은 기록하지 않는 편이 더 낫다. 타인의 가르침과 이런저런 책을 통해 얻은 지식도 마찬가지다. 우리는 그렇게 획득한 문장을 수집하고 발췌하여 기록하는 일을 삼가야 한다. 그 이유는 우리가 무엇을 기록한다는 것이 그 내용을 망각의 세계로 넘겨주는 것과 같기 때문이다. 차라리 그 내용을 머릿속에 오랫동안 기억하려고 애를 쓰면 쓸수록, 그것이 더욱 선명하게 기억에 남는다.

040
평범한 사람들의 지성

안타깝게도, 평범한 사람들의 지성은 편협하다. 때로는 천박하기까지 해 거기에서 비롯되는 말과 행동이 상스럽기도 하다. 그들은 우리의 존재가 늘 불안하고 짧은 인생을 살아가는 데도 철학과 형이상학의 세계에 관심을 갖지 않는다. 그토록 많은 인간이 명료한 의식을 갖지 않은 채 삶을 살아가는 것이다.

내가 보기에, 그런 사람들은 동물과 별로 다를 바 없다. 그들은 몽롱하고 흐릿한 정신세계 속에서 인생을 흘려보내고 만다. 그들이 다만 여느 동물과 다른 점이 있다면, 몇 년 앞의 일을 예상해 걱정하거나 대비하는 능력뿐이다. 설령 그들이 형이상학에 관한 욕구를 느낀다고 해도 그것은 자신이 선택한 종교의 비위를 맞추기 위한 것일 뿐이다. 그들은 그것으로 만족하며 인간의 삶을 살아간다.

4장

사색이
생생한 향기를풍기는 사상을 낳는다.

001
매일 깨닫는 진리

당신은 인생이 무미건조하다고 생각하는가? 당신은 지식과 통찰력을 키우기 위해 어떤 노력을 하고 있는가? 그동안 당신은 모든 사물을 좀 더 잘 이해하기 위해 어떤 시도를 해왔는가? 만약 나의 질문에 긍정적인 대답을 할 수 없다면, 당신의 인생은 아무런 발전 없이 견디기 힘든 지겨움만 느끼고 있을 것이다.

지식과 통찰력, 사물에 대한 이해는 자신의 관점을 부단히 변화시키려고 매진하는 과정에서 터득할 수 있다. 그것은 한편으로 경험의 결과이기도 하다. 따라서 우리는 매일매일 최선의 삶을 살기 위해 노력해야 한다. '매일 새로운 진리를 찾는다.'라는 마음자세를 가져야 하는 것이다. 그런 태도는 우리의 삶에 신선한 활력소가 되어준다. 매일 마주하는 동일한 대상들이 우리에게 늘 새로운 깨달음을 안겨줄 수 있다.

002
보편적 견해는 언제나 옳을까

숱한 사람들이 자신의 견해를 완강하게 고집한다. 누군가 그 견해의 오류에 대해 충고해도 좀처럼 귀 기울이려 하지 않는다. 집단의 경우는 개개인의 경우보다 더 심각하다. 집단의 견해는 확고부동한 오류가 있을 때조차 이미 그것을 보편화해 절대 변하려고 하지 않는다. 아무리 합리적인 다른 견해가 있어도 소귀에 경 읽기가 되는 것이다. 이를테면 다음과 같은 집단의 견해가 심사숙고 없이 세상에 통용된다.

- 자신이 정직하지 않아서 남을 믿지 못한다.
- 훌륭한 희극보다 훌륭한 비극을 쓰는 편이 쉽다.
- 철학을 조금 공부하면 신에게서 멀어지고, 철학을 깊이 알면 다시 신에게로 돌아간다.
- 아는 것이 힘이다!

이런 견해는 깊이 되새겨보지도 않은 채 사람들이 앵무새처럼 반복한다. 그 말을 처음 듣는 순간부터 멋진 말이라고 감탄하며 그냥 무작정 받아들이는 것이다.

003
지성의 참된 크기

인간의 지성은
단지 양으로 그 크기를 가늠할 수 없다.
그것이 얼마나 강하고 약한지에 따라
크기를 판가름하는 편이 바람직하다.

강한 지성은
혼자서도 능히 1만 명과 맞설 수 있다.
아무리 1만 명이라 한들
어리석은 인간의 나약한 지성이라면
결코 한 명의 현자를 당해내지 못한다.

004
어떤 사람들의 사고

"가능한 한 최소의 사고(思考)로
그냥저냥 생존해나가야지."라는 가치관을 갖고
단순한 생존에 만족하는 사람들이 있다.
설령 의식적이지는 않더라도,
그들은 주변의 사물을 바라볼 뿐 사고하지 않는다.
그럼에도 스스로 불만족하거나 안달하는 법이 없다.

그런 사람들은 사고하는 것 자체를
무척이나 어렵고 복잡한 일로 받아들인다.
그래서 그들은 자신의 생활과 직업에
딱 필요한 만큼만 생각한다.
그들은 타인과 나누는 대화나 오락에도
그 자리에 딱 필요한 만큼만 사고할 뿐이다.

005
객관적 관심이 없는 사람들

의지가 목적 이상의 것을 요구하지 않는 사람들이 있다. 그들의 의지는 지성을 통솔하지 못한다. 그래서 그들은 어떤 사물에 대해서도 '객관적 관심'을 품지 않는다. 그들의 정신은 자신과 아무런 관련이 없는 것에 대해 눈길조차 돌리는 법이 없다.

그런 사람들은 약간의 사고라도 해야 하는 상황을 본능적으로 회피한다. 그들은 일면 동물과 같아서 '주관적 관심'밖에 갖지 않는다. 그들에게는 푼돈 내기나 하는 카드놀이가 가장 잘 어울리는 오락이라고 말할 수 있다. 왜냐하면 카드놀이 같은 오락은 음악이나 미술, 연극처럼 인식의 영역에 속하지 않기 때문이다. 그것은 인간의 의지 자체를 발동시킬 뿐이다.

그러니 객관적 관심이 없는 사람들과는 실용적인 대화만 나눠라. 그들은 자신의 관능적 즐거움만 기웃댈 뿐 다른 즐거움에는 아무런 흥미를 보이지 않는다. 그들과 가까워지려면 나 자신을 한껏 낮춰야 할 수도 있다.

006
천재를 존중하는 이유

천재는 무엇보다 자신의 머릿속에서
'표상으로서의 세계'가 명료성을 얻는 인간이다.
그들의 가장 심오한 통찰력은
각각의 사물에 대한 정밀한 관찰뿐만 아니라,
전체를 파악하는 수준에 따라 좌우된다.

다시 말해 천재란,
각각의 사물들에 대한 명료한 의식과 더불어
사물의 반대편에 놓인 자신의 자아에 대해
명료하게 의식하는 사람이라고 정의할 수 있다.
인류가 천재를 존중하는 까닭은
그들이 사물과 인간에 관한 해답을 구하기 때문이다.

007
당신이 위대한 사상을 지니려 한다면

당신이 동시대 사람들에게 인정받고 싶다면,
당신의 시대에 보조를 맞춰 살아가야 한다.
다만 당신은 위대한 것을 이루지는 못할 것이다.

당신이 어떤 위대한 사상을 지니려 한다면,
당신의 시대보다 후세 사람들을 떠올려야 한다.
다만 당신은 동시대 사람들에게 외면받을 것이다.

만약 당신이 위대한 사상을 지니려 한다면,
당신 홀로 무인도에서 기념비를 세워야 하리라.
그러면 훗날 어느 항해자가 그것을 발견할 것이다.

008
가시관이 월계관으로

　단지 재능 있는 사람은 돈과 명성을 위해 일한다. 하지만 천재는 그렇지 않다. 그들은 돈을 좇지 않으며, 명성이 얼마나 덧없는 것인지도 잘 알고 있다. 그렇다고 그들이 쾌락을 좇아 일하는 것도 아니다. 그들의 집념은 쾌락을 압도한다.

　천재는 아무런 동기를 의식하지 않는다. 그저 자기가 탐구하고 깨달은 것을 무의식적으로 작품 속에 표현하려는 불세출의 예술가와 다르지 않다. 그 자체가 천재의 본능인 것이다. 가을이면 풍성한 열매를 맺는 과수가 토양의 힘 말고 다른 바람을 갖지 않는 것과 마찬가지다. 천재는 스스로 창조한 신성한 수탁물이 자기 존재의 참된 결실이 되기를 바랄 따름이다. 나아가 인류의 공동 소유물이 되기를 소망할 뿐이다. 그 목표를 위해 천재는 지금 가시관을 쓰지만, 머지않아 그것은 월계관으로 탈바꿈한다.

009
불꽃처럼 타오르는 사색

아무리 큰 서재를 가졌어도 그 안의 책을 직접 읽고 잘 정리하지 않으면 별 의미가 없다. 아무리 많은 지식을 갖추고 있어도 자신의 생각으로 정돈하지 않으면 소용없다는 말이다. 그것은 분명, 지식의 양은 좀 적을지언정 자신의 사색을 통해 깊이 탐구한 경우보다 가치가 없다.

지식은 그 자체로 큰 의미를 갖지 않는다. 그것을 체계적으로 정리하고 사색을 통해 통찰하는 과정을 거쳐야만 우리의 몸에 영양가 높게 흡수된다. 그제야 비로소 온전한 지식이 되어 자기 자신의 힘이 된다는 뜻이다.

인간은 자신의 진정한 지식을 바탕으로 해야만 어떤 문제에 대해 숙고할 수 있다. 그리고 그렇게 숙고한 문제에 대해서만 무엇을 알게 됐다고 이야기하는 것이 가능하다. 그 시작이 바로 바람에 의해 불꽃이 화르르 타오르는 것 같은 사색이다.

010
독서와 다른 사색의 힘

정신이 사색을 통해 받는 영향과 독서를 통해 받는 영향 사이에는 큰 차이가 있다. 독서를 할 때는 그 사람의 정신 상태나 방향성과 전혀 다른 이질적인 사상이 수동적으로 주입된다. 그것은 밀랍 위에 도장을 찍는 것과 비슷하다고 이야기할 수 있다. 그때 그 사람의 정신은 자신이 생각하고 싶지 않은 내용까지 외부의 압력에 따라 수용하게 된다.

그와 달리 사색은 정신에 무엇을 강요하지 않는다. 현재의 상황이나 과거의 기억 등에 따라 보다 능동적으로 정신의 방향을 결정하게 된다. 주변 환경도 생각의 기회와 요소로 작동할 뿐 어떤 사상을 밀어붙이듯 주입하지 않는다. 따라서 독서는 필요하지만, 독서가 우리의 정신으로부터 탄성을 빼앗을 위험이 있다는 점을 알아야 한다. 무작정 반복적으로 압력이 가해진 용수철이 언젠가 탄성을 잃어버리는 것처럼.

011
타인의 사상은 화석 같은 것

자기 자신의 근원적 사고(思考)만이
진리와 생명을 갖는다.
자기가 보다 깊이 이해할 수 있는 것은
자신의 사고밖에 없다.

우리가 책에서 읽는 타인의 사상은
그가 먹다버린 음식찌꺼기요,
실컷 입다 버린 헌옷가지일 뿐이다.

어디 그뿐이랴.
우리가 책에서 읽는 타인의 사상은
돌에 새겨진 태고의 화석이고,
나의 정신이 사색을 통해 피우는 사상만이
생생한 향기를 풍기는 봄꽃이다.

012
독서가 필요할 때

우리가 사색을 통해 힘겹게 찾아낸 진리를 누군가의 책에서 손쉽게 발견할 때가 있다. 그럼에도 자신의 사색을 통해 얻은 진리가 책 속의 진리보다 몇 백 배 소중하다는 사실은 달라지지 않는다. 사색을 통해 깨달은 진리라야 살아 있는 것으로서 자신의 사고 체계 안에 완전히 유입되기 때문이다. 나아가 자신만의 철학으로 확립되기도 한다.

독서는 사색의 대용품에 지나지 않는다. 독서를 한다는 것은 자기 자신이 아닌 누군가에게 나를 이끌어달라고 의탁하는 것과 다를 바 없다. 더구나 대부분의 책들은 우리에게 해답은커녕 어떤 방향조차 제시하지 못한다. 그럼에도 우리에게 독서가 필요할 때가 있다. 다름 아닌 사고의 원천이 전부 고갈되었을 때다. 그런 일은 사색의 능력을 충분히 갖춘 사람들에게도 종종 일어난다. 그때야 우리는 비로소 다른 누군가의 책을 펼쳐야 한다. 다만 그 순간에도 자기 자신의 사색을 내팽개치는 어리석은 잘못을 범하면 안 된다.

013
사상가와 단순한 학자는 달라

"당신이 조상으로부터 물려받은 것은 빌린 것일 뿐이다. 그러므로 당신은 그것을 새롭게 구해, 진정으로 소유해야 한다."

이것은 요한 볼프강 폰 괴테의 시에 나오는 구절이다.

자기 스스로 사색할 줄 아는 사람은 자신의 견해를 더욱 견고히 하기 위해 다른 사람들의 학설을 탐구한다. 먼저 자신의 견해를 세우고 나서 타인의 견해를 통해 다시 고찰하는 것이다. 하지만 무엇보다 독서를 통해 철학하는 학자는 타인의 학설에서 탐구를 시작한다. 급기야 다른 사람들의 견해를 이것저것 긁어모아 자신의 견해인 양 발표하기에 이른다. 그런 학자의 견해는 의족이나 틀니처럼, 또는 이식된 피부처럼 그 사람과 함께할 뿐이다. 어쩌면 인조인간의 견해와 같다고 규정할 수도 있을 것이다.

자기 스스로 사색할 줄 아는 사람과 독서를 통해 철학하는 학자의 차이는 생각보다 훨씬 더 크다. 앞의 경우가 진정한 사상가라면, 뒤의 경우는 자기 사상이 없는 단순한 학자일 뿐이라고 정의할 수 있다.

014
기다림 뒤에 찾아오는 사색의 시간

사색은 독서에 비해 쉽지 않은 행위다. 사색은 인간의 의지에 따라 맘대로 불러오거나 물리칠 수 있는 것이 아니다. 그러므로 어떤 사상의 경지에 도달하는 것에는 극심한 고통이 따르고는 한다. 독서는 언제나 가능하지만, 사색은 그것이 불가능하다.

우리는 사색이 찾아올 때까지 침착하게 기다려야 한다. 어떤 대상에 관한 사색은 외적 원인이 우리의 내적 상태와 관심에 부합할 때 비로소 싹을 틔운다. 아무리 위대한 사상가라고 하더라도 자기가 원하는 대로 사고할 수는 없다. 그들 역시 오랜 기다림 뒤에 찾아오는 사색의 시간을 기다려야 한다. 위대한 사상가는 바로 그 기다림의 순간을 독서로 채운다. 다만 사색의 대용품인 독서가 물자체에 대한 인식을 멈추게 하지 않도록 주의를 기울인다. 이미 설명했듯, 다른 사람들이 닦아 놓은 길을 무작정 뒤따르는 것은 사색으로부터 멀어질 위험이 크기 때문이다.

015
그깟 단순한 경험이 뭐라고

독서가 그렇듯 단순한 경험도
사색의 대용품에 지나지 않는다.

그럼에도 어떤 사람들은
자신의 단순한 경험을 과대평가한다.
그 일이 뭐라도 되는 양
보잘것없는 단순한 경험을 통해
남다른 깨달음을 얻은 듯 우쭐거린다.
심지어 단순한 경험을 통한 사소한 발견이
인간의 지식을 증대시킨 것처럼 떠벌인다.

아, 어리석기 짝이 없지 않은가!
그것은 마치 음식물을 들이는 입이
육체 전체를 존속시킨다고 이해하는 것과 같다.

016
훌륭한 정신이 낳는 작품

훌륭한 정신이 만들어내는 작품에는
주목할 만한 특징들이 있다.

그것은 다름 아닌
단호함,
확고함,
그리고 명백함이다.

왜냐하면 훌륭한 정신을 지니고 있는 사람은
자기가 무엇을 표현하려는지
분명하게 알고 있기 때문이다.
그러한 특징들은 문학과 음악에 두루 나타난다.

017
최고의 사색가는 군주와 같다

최고의 정신을 가진 사람은 모든 판단과 견해를 자신의 사색을 통해 얻는다. 그처럼 진실하게 사색하는 사람은 군주와 같다고 말할 수 있다. 적어도 정신세계의 영역에서, 그 사람은 군주와 같은 권력을 소유한다. 다른 수많은 사람들이 그의 지휘 아래 놓여 있다.

최고의 정신을 가진 사람의 판단과 견해는 절대적 권력을 행사한다. 군주와 같은 그 사람은 자신이 직접 확인한 것이 아니면 어떤 판단과 견해에도 정당성을 부여하지 않는다. 그는 정신세계의 무소불위 권력자다. 그와 달리 자신의 사색이 부족한 사람, 즉 대중적 정신을 가진 사람은 세속의 지배를 받는다. 자신의 판단과 견해가 아무런 권위를 인정받지 못하는 가운데 세속의 법과 명령에 복종한다.

018
정신세계의 행복

우리는 현실세계에서 중력을 느낀다.
늘 불안과 고뇌, 두려움 따위를 예감하며
그것을 극복하기 위해 쉼 없이 노력한다.

하지만 정신세계는 다르다.
거기에서는 어떤 중력도 느껴지지 않는다.
궁핍과 폭력 따위에 시달릴 필요가 없다.
그것이 육체가 아닌 정신이기 때문이다.

지상에는 여러 종류의 행복이 있다.
그러나 우리가 깨닫는 아름답고 풍요로운
정신의 행복에는 비할 바가 못 된다.

019
자기 자신을 위한 사상

'자기 자신을 위한 사상'이 진정한 가치를 지닌다. 세상의 사상가들은 자기 자신을 위해 사고하는 사상가와 다른 사람들을 위해 사고하는 사상가로 구별된다. 그중 자기 자신을 위해 사고하는 사상가들만이 자아 사상가이자 참된 철학자라고 이야기할 수 있다. 그 까닭은 그들만이 사물을 진지하게 고찰하기 때문이다. 그들의 행복과 존재의 기쁨이 그 무엇도 아닌 사고하는 데 있기 때문이다.

그에 비해 '다른 사람을 위한 사상'은 세상으로부터 얻는 명성에 매달린다. 그들은 다른 사람들에게 사상가로 보이고자 애쓰며 허상 같은 명예에 집착한다. 그처럼 다른 사람들을 위해 사고하는 사상가를 가리켜 소피스트, 그러니까 변론술을 일삼는 궤변론자라고 한다.

020
모든 인간은 사고하는 존재인가

인간에게 존재의 문제는 괴롭고 덧없으며, 불명확하기 짝이 없다. 그러면서도 그것은 매우 중요하고 절실하다. 그 문제를 의식하는 순간, 우리는 다른 모든 삶의 문제들이 사소하게 느껴지는 경험을 하게 된다.

하지만 모든 인간이 그와 같은 존재의 문제에 깊이 빠져든다고 단언할 수는 없다. 어쩌면 극소수의 사람들만 그 문제를 인식할 따름이다. 대부분의 사람들은 존재의 문제에 아무런 관심이 없는 것처럼 보인다. 그들은 오직 현재의 일과 자신의 가까운 미래를 떠올리며 하루하루를 살아간다. 기껏해야 그들은 가볍고 얄팍한 대중적 형이상학에 잠깐씩 기웃거릴 뿐이다.

그러므로 누군가 내게 모든 인간은 사고하는 존재인가, 라고 묻는다면 그렇지 않다고 대답할 수밖에 없다. 수많은 인간에게서 무사고(無思考)가 드러내는 우매함을 발견하더라도 그다지 놀랄 일은 아닌 것이다. 그들은 일반적으로 생각하는 것만큼 동물적 존재와 큰 차이가 없다.

021
무지한 부자

부(富)가 무지(無知)와 결합되면
인간의 품위를 더없이 크게 망가뜨린다.

가난한 사람은 재앙 같은 빈곤에 시달리며
하루 종일 노동에 시간을 빼앗긴다.
그들의 삶은 지식에 내어줄 자리가 없다.
그런데 단지 가난한 사람만 그런 것이 아니다.
오직 쾌락만을 좇는 무지한 부자도
동물과 다를 바 없는 생활을 한다.

무지한 부자는 어리석기 짝이 없어
자신의 부와 여가에
어떤 가치가 있는지 깨우치지 못한다.

022
독서의 의미와 한계

독서란 한마디로 다른 사람의 생각을 읽는 것이다. 독서는 다른 사람의 정신적 편력을 더듬어 되짚는 것과 다를 바 없다. 우리는 독서할 때 자기만의 사색을 뒤로 미루어둔다. 그래서 스스로 사색할 때보다 마음이 홀가분해지는 경험을 하게 된다. 하지만 독서하는 시간은 다른 사람의 사상의 운동장에서 잠시 뛰어노는 것에 비유할 수 있다. 따라서 허구한 날 독서에만 몰두하는 사람은 점점 자기 스스로 생각하는 능력을 잃게 된다.

지금 우리 주변의 많은 학자들이 독서에 빠져 사색의 기쁨을 알지 못한다. 그들은 다른 사람이 운전하는 차를 타고 다니느라 직접 걸어 다니는 방법을 잊어버렸다. 어느 면에서 독서가 정신을 마비시켜 바보가 되었다고 말할 수 있다. 그러니 명심하라. 책이란 모래밭 같은 종이 위에 펼쳐진 누군가의 지식과 사상의 발자국에 지나지 않는다. 우리가 단지 그 길을 따라 걷는 것만으로는 깨달을 것이 별로 없다. 그 사람이 그 길에서 무엇을 보았는지 알려면, 우리 역시 우리의 눈으로 직접 그것을 보아야 한다.

023
책이 가진 영양소를 흡수하라

음식을 먹는 것 자체는 아무 의미가 없다.
그것을 원활히 소화시켜
다양한 영양소를 골고루 섭취해야
건강한 육체를 유지할 수 있다.

독서도 그와 다르지 않다.
그냥 책을 읽는 것만으로는 충분하지 않다.
책에서 읽은 내용을
천천히, 그리고 곰곰이 곱씹어가며
그 안에 들어 있는 영양소를 섭취해야 한다.
책의 내용을 숙고하고 또 사색해
자신의 정신세계에 흡수할 수 있어야 한다.

024
양서와 악서를 구별하라

세상 곳곳에 악서(惡書)가 있다.
그것은 우리의 토양을 병들게 하고 잡초를 키운다.
오직 사람들에게서 돈을 빼앗는 것이 목적인
악서는 무익할 뿐만 아니라 심각한 해악을 끼친다.
인간이 고귀한 것에 바쳐야 할
시간과 주의력을 악서가 앗아가는 것이다.
그에 비해 양서(良書)에는 뛰어난 정신이 깃든다.
양서는 시대와 민족을 넘어
인간의 사색을 풍요롭게 하는 도구가 된다.

그러므로 악서는 전혀 읽지 않아도 부족함이 없다.
또한 양서는 아무리 많이 읽어도 지나치지 않다.
우리는 양서를 읽기 위해 악서를 멀리해야 한다.
양서만 읽기에도 인생은 짧다.

025
평범한 정신이 쉽고 편하지만

　서점의 서가에는 수많은 책들이 꽂혀 있다. 지금 이 시간에도 새로운 서적들이 쏟아져 나온다. 그런데 많은 사람들의 손길이 우매한 사람들이 쓴 그렇고 그런 처세와 감상으로 향한다. 그 편이 위대한 정신보다 쉽고 편하기 때문이다.

　오, 평범한 정신은 서로 얼마나 닮았는가!

　그들은 모두 똑같은 주물 기계가 찍어낸 조형물과 같다. 그들의 생각은 언제나 일치하고, 하나같이 저열한 욕망에 사로잡혀 있다. 우매한 저자들의 무가치한 소리를 듣기 위해 그와 닮은 독자들이 열심히 주머니를 연다. 위대한 정신은 서가에 꽂힌 채 하릴없이 먼지만 뒤집어쓰고 있다. 나는 대중의 어리석음과 완고함에 놀라움을 금할 수 없다. 심지어 악서에도 파리 떼가 꼬인다.

026
같은 책을 반복해 읽어라

    어떤 책을 한 번 읽었다고 해서 그 내용이 전부 자신의 내부에 간직되리라 기대할 수는 없다. 그것은 마치 자기가 먹은 음식이 체내에 계속 저장되어 있기를 바라는 것과 마찬가지다. 자기가 읽은 책의 내용이 최대한 기억되는 것을 바란다면 같은 책을 되풀이해서 읽어야 한다. '학습의 어머니는 반복이다.'라는 말도 있지 않은가.

    더구나 자신에게 감명을 준 위대한 정신의 책이라면 더욱 반복해서 읽을 필요가 있다. 책을 반복해서 읽으면, 무엇보다 그 안의 내용을 더욱 정확히 이해할 수 있다. 또한 결말을 알고 읽기 때문에 그 안에 담긴 사상의 발단을 더욱 명확히 헤아리는 것이 가능하다. 아울러 한 문장 한 문장에 더욱 주의를 기울여 단 한 번 읽었을 때보다 참된 의미를 파악할 수 있다. 책을 반복해서 읽으면, 하나의 물체를 서로 다른 조명으로 비춰보는 것과 같은 놀라운 효과를 얻는다.

027
저자보다 책이 더 중요해

책으로 묶어놓은 작품은 그 저자가 지닌 정신의 정수(精髓)라고 할 만하다. 그리고 아무리 훌륭한 저자라고 해도 그 사람을 직접 만나는 것보다 그의 작품을 접하는 편이 훨씬 더 유익하다. 다시 강조하건대, 저자 자신이 아니라 그의 작품이 정신의 정수이기 때문이다.

한편으로, 위대한 작가가 쓴 책을 읽는다는 것은 그와 만나는 것과 다를 바 없다. 아니, 저자와 직접 만나는 것을 능가하는 더 큰 기쁨이 있다. 사실 적지 않은 저자들의 실제 언행은 실망스러운 경우가 많다. 그럼에도 그가 쓴 책은 더없이 교훈적이면서 깨달음을 주고, 재미까지 있는 경우가 흔하다. 왜냐하면 그의 작품은 생활 자체라기보다 오랜 연구와 사색의 결과물이기 때문이다. 그 결실이 곧 그의 정신의 정수인 것이다. 따라서 저자와 직접 교류하는 것이 만족스럽지 못하다 해도 그의 책은 즐겁게 읽을 수 있다.

028
두 가지 종류의 역사

역사에는 두 가지 종류가 있다. 하나는 '정치적 역사'이고, 다른 하나는 '문학과 예술의 역사'이다. 그중 정치적 역사는 '의지'의 역사라고 할 수 있다. 그에 비해 문학과 예술의 역사는 '지성'의 역사다.

그러므로 정치적 역사는 인간에게 공포와 경악을 느끼게 한다. 끔찍한 두려움과 재앙, 배반과 복수, 참혹한 파괴와 기만 등을 안겨주는 것이다. 하지만 문학과 예술의 역사는 그렇지 않다. 그 역사는 오류를 묘사할 때조차 지적인 깨달음을 선물한다. 설령 인간의 삶이 고독 속에 싸여 있다 해도 선지자의 기쁨과 관찰자의 평온함을 맛보게 한다.

특히 철학은 문학과 예술의 역사에 단단한 기반이 되어준다. 철학은 문학과 예술의 견해를 앞장서 이끌 뿐만 아니라 인간의 정신세계를 지배하는 단초가 되는 것이다. 따라서 철학은 그 작용이 매우 느릴지언정 가장 강력한 힘으로써 작용한다.

029
여성을 찬미하는 글

나는 여성을 찬미하는 두 편의 훌륭한 문학 작품을 알고 있다.

먼저 프랑스 극작가 빅터 드 주이는 자신의 작품을 통해 "여성이 없었다면, 모든 사람은 인생의 초기에 아무런 도움도 받지 못했으리라. 중년의 즐거움도 없었을 것이며, 만년의 위안도 알지 못했으리라."라고 이야기했다. 그는 짧은 문장 안에 여성을 향한 찬미를 효과적으로 담아냈다.

다음 작품의 주인공은 영국 시인 조지 바이런이다. 그는 "우리의 생명은 여성의 가슴으로부터 생겨나며, / 우리가 맨 처음 배우는 몇 마디 말은 여성의 입술로부터 배우며, / 우리가 흘리는 첫 눈물은 여성이 닦아주며, / 우리의 마지막 숨결 역시 대체로 여성의 곁에서 쏟아낸다. / 남성은 최후의 순간을 회피하려 들지만 여성은 기꺼이 그 일을 감당한다."라고 썼다. 이 내용은 그의 작품 「사르다나폴리스」의 일부를 옮긴 것이다.

030
남성과 다른 여성의 특징

내가 생각하기에,
남성이 곤경에 처했을 때는
여성과 진지하게 상의하는 것이 좋다.
왜냐하면 여성은 남성과 다른 시각으로
사물을 바라보기 때문이다.
특히 어떤 목표의 지름길을 찾아내는 기술과
코끝에 바짝 붙어 있어 남성들이 잘 놓치는 것을
발견하는 데 있어서는 여성을 따를 수 없다.

여성은 남성에 비해 현실적이다.
남성은 자주 흥분해 사물을 실제보다 과장하지만
여성은 사물을 있는 그대로 보아
섣불리 쓸데없는 상상에 빠져들지 않는다.
또한 여성은 남성보다 큰 동정심을 가져
불행한 사람에게 더 깊은 연민의 정을 보인다.

031
여성과 남성의 또 다른 차이

내가 생각하기에,
남성은 천성적으로 서로에 대해 무관심하다.
그에 비해 여성은
다른 여성에 대해 쉽게 적의를 품고는 한다.
두 여성이 처음 만나는 장면을 떠올려보라.
그들은 두 남성이 처음 만나 인사를 나눌 때보다
훨씬 더 부자연스럽고 가식적이다.
두 여성의 인사가 우스꽝스럽게 들리기도 한다.

또한 여성은 자기보다 신분이 낮은 여성에게
오만한 태도를 보이는 경우가 적지 않다.
귀부인이 하녀를 함부로 대하는 식이다.
여성들이 자기보다 신분 낮은 여성을
종종 경멸스럽게까지 대하는 것은
자신의 신분이 불확실하다고 느끼기 때문이다.

032
인간의 운명을 다르게 하는 것

나는 유한한 인간의 삶에 차이를 가져오는 것이 세 가지 있다고 생각한다. 그러한 세 가지를 근본적 규정이라고 부를 수 있는데, 구체적인 내용은 다음과 같다.

먼저 가장 넓은 의미로 이야기할 수 있는 것이 인격(人格)이다. 그 속에는 건강과 힘, 아름다움, 성격, 도덕적 성품, 지성 등이 포함된다.

두 번째는 인간이 갖게 되는 모든 소유물이다. 여기에는 정신적 · 육체적 소유물뿐만 아니라 물질적인 소유물도 포함된다.

세 번째는 인간의 표상(表象)이다. 이것은 다른 사람들의 생각 속에 자리 잡고 있는 지위라고 설명할 수 있다. 즉 다른 사람들이 그 사람을 어떻게 평가하고 있느냐 하는 것이다. 여기에는 다른 사람들의 견해로부터 규정되는 명예와 명성 등이 포함된다.

033
자신의 내부에 따라 달라진다

삶 전체에 있어 보다 근본적인 것은 인간의 내부에 존재한다. 한 사람의 기쁨과 슬픔, 불쾌감 따위가 직접 생겨나는 것도 그의 내부다. 그와 같은 감정은 그 사람이 느끼고, 의욕하고, 생각하는 결과물인 것이다. 외부의 여러 요소는 기쁨과 슬픔, 불쾌감 따위를 불러일으키는 데 간접적인 영향을 끼칠 따름이다.

그러므로 똑같은 외부 환경에 있는 사람들도 저마다 받아들이는 바가 다르다. 동일한 상황에서도 저마다 맞닥뜨리는 세계가 다르다는 뜻이다. 앞서 말했듯, 보다 근본적인 것은 인간의 내부에 존재한다. 외부의 환경과 사물은 어떤 관념과 의지, 감정 등을 자극할 뿐이다. 따라서 각각의 사람들이 살고 있는 세계는 무엇보다 그 세계에 대한 저마다의 견해에서 비롯된다. 거기에 더해 저마다의 지력(知力)이 큰 영향을 끼친다. 지력에 따라 똑같은 외부 요소가 무의미하거나 고통스러운 것, 또는 유의미하거나 즐거운 것이 된다.

034
자신에게만 갇혀 있지 마라

　평범한 사물이라 하더라도 우울한 사람에게는 비극으로 보인다. 그에 비해 낙천적인 사람에게는 흥미로운 것을 감추고 있다고 여겨진다. 그리고 매사에 시니컬한 사람에게는 아무 관심도 끌지 못하는 무미건조한 것으로 취급된다. 똑같은 사물에 대해 저마다 다른 감상을 갖는 것이다.

　물은 산소와 수소로 결합되어 있는 물질이다. 그와 같이 우리는 모든 현실을 주관과 객관이라는 두 가지 요소를 결합해 판단한다. 따라서 객관적으로 동일한 상황이 주관에 따라 완전히 다르게 인식되는 것이다. 아무리 아름다운 풍경도 절망적인 주관의 관점에서는 슬프게 보이는 것처럼. 어여쁜 꽃밭도 카메라에 어떤 색깔의 렌즈를 끼우느냐에 따라 느낌이 완전히 달라진다.

　그러므로 인간은 자신의 의식에만 갇혀 사물을 바라보는 한계를 탈피해야 한다. 그러한 주관은 자신의 피부에 갇혀 있는 육체와 같다. 지나치게 주관적 의식에 갇혀 있는 사람은 외부로터 구원의 손길이 와도 쉽게 받아들이지 못한다.

035
우리의 의식이 굳건하다면

지금 눈앞에 있든, 이미 흘러가버렸든
모든 사물은 인간의 의식 속에 존재할 뿐이다.
그러므로 무엇보다 중요한 것은
인간의 의식이 어떤 상태인가 하는 점이다.
이 말은 의식 속에 비춰진 사물의 형상보다
의식 자체가 훨씬 더 중요하다는 뜻이다.

아무리 아름답고 훌륭한 것도
우매한 의식 속에서는 칠흑 같은 어둠과 같다.
우리의 현실은 운명의 손아귀에 들어 있어
언제든 변하기 쉽다.
하지만 인간의 의식이 굳건하다면,
그리하여 올바른 주관을 잃지 않는다면
본질적으로 변하는 것은 하나도 없다.

036
정신적 능력이 정하는 행복의 한계

인간에게 주어지는 행복에는 한계가 있다. 그것을 결정하는 것은 자신의 개성이다. 즉 정신적 능력이 얼마만큼 큰지에 따라 행복의 즐거움을 누리는 한계가 결정된다는 뜻이다. 정신적 능력이 부족하면 주변 사람들이 아무리 도와준다 한들 행복의 정수를 맛보기 어렵다. 설령 행복의 신이 있다고 해도 어떻게 이끌어 줄 방법이 없다. 그런 사람이 느끼는 행복이란 고작 감각적 희열과 저속한 사교에 지나지 않는다. 한마디로 동물적 쾌락 이상의 것을 느끼지 못한다는 말이다.

물론 정신적 능력이 부족한 사람도 어느 정도 교양을 습득할 수는 있다. 하지만 그것은 선천적으로 타고난 정신적 능력의 한계를 약간 넓히는 데 그칠 뿐이다. 그러므로 우리는 명심해야 한다. 행복을 지속하는 데 무엇보다 중요한 것이 정신적 능력을 최대치로 높이는 것이라는 사실을. 우리의 행복이 우리의 개성에 좌우된다는 사실을.

037
정신적 능력이 풍부한 사람은

인간의 정신적 능력은
혼자가 되었을 때도 늘 자신과 함께한다.
누구에게서도 얻을 수 없고
누구에게도 빼앗기지 않는다.
그것이 지위나 명예보다 본질적이기 때문이다.

정신적으로 우매한 사람은
사교와 오락 따위로 생활의 변화를 도모하지만
자기 뒤를 따라다니는 권태를 떨치지 못한다.
그에 비해 정신적 능력이 풍부한 사람은
아무리 고독하더라도
자신이 지닌 사상과 사색의 힘으로 행복하다.

038
명랑한 마음을 가져라

인간의 내적 재보(財寶) 가운데
행복에 가장 직접적인 영향을 끼치는 것은
다름 아닌, 명랑한 마음이다.
그 밖에 다른 재보가 부족하더라도
명랑한 마음이 있으면 즐거움을 잃지 않는다.
명랑함의 정도가 행복의 정도인 것이다.

"많이 웃는 자는 행복하고,
많이 우는 자는 불행하다."라는 옛말이 있다.
지극히 단순하고 평범한 이 말 속에
삶의 진리가 깃들어 있다.
우리에게 명랑함이 들어오면 안 되는 때란 없다.
명랑함은 그 자체로 행복의 직접적인 원인이 된다.

039
건강을 지켜라

일반적으로 인간의 행복 여부를 90퍼센트 가까이 좌지우지하는 것은 건강이다. 건강하면 모든 것이 기쁨이 될 수 있지만, 건강을 잃으면 아무리 많은 외적 재보를 갖고 있어도 기쁨을 만끽할 수 없다. 그뿐 아니라 정신적 능력이나 인격 같은 내적 재보 역시 한없이 위축되게 마련이다.

사람들은 흔히 건강에 지대한 관심을 보인다. 서로의 건강 상태를 묻고 자신의 건강을 염려한다. 그것은 건강이 인간의 행복에 가장 중요한 역할을 한다는 사실에 기초를 둔 것이다. 그러므로 그 말은 건강을 희생시키는 것만큼 어리석은 행위가 없다는 것을 반증한다. 학문의 성취를 위해 건강을 희생한다고? 재물이나 명예를 얻기 위해 건강을 희생한다고? 그것은 모두 바람직하지 않은 일이다. 더구나 육체적 욕망과 향락을 위해 스스로 건강을 해친다면 세상에 그보다 더 잘못된 선택도 없다.

040
고통과 권태에 대해

인간의 행복을 방해하는 두 가지 대표적인 적(敵)이 있다. 그것은 고통과 권태다. 우리는 두 가지 적 중 하나와 멀어지는 만큼 다른 하나와 더 가까워지는 경험을 한다. 따라서 사람들마다 정도의 차이는 있지만, 너나없이 고통과 권태 사이를 오가는 생활을 하는 것이다.

왜 그럴까? 고통과 권태는 서로 상반된 관계에 있기 때문이다. 그러니까 고통이 외적이면서 객관적인 것이라면, 권태는 내적이고 주관적이라는 말이다. 이를테면 재난과 가난이 사람들에게 고통을 가져다주고, 지나친 안전과 풍요를 느끼는 마음이 권태를 불러온다는 의미다. 하지만 그런 가운데 고통과 권태는 묘한 연관성을 보이기도 한다. 예를 들어 가장 낮은 문명 생활이라고 할 수 있는 유랑이 가장 높은 문명 생활이라고 할 수 있는 관광으로 재현되는 것이다. 빈곤의 고통에서 비롯된 유랑이 풍요의 권태에서 비롯된 관광의 형태로 탈바꿈하는 변화를 보인다.

5장

자부심을 갖고 세상의 뻔뻔함에 맞서라.

001
당신은 어떤 인간인가

인간은 외부에서 받아들이는 것으로
자신을 완전히 채우기 어렵다.
결국,
인간은 누구나 자기 혼자이기 때문이다.

그러므로 무엇보다 중요한 것은
혼자일 수밖에 없는 당신이
과연 어떤 인간인가 하는 점이다.

무릇 인간은 자기 자신 속에서
즐거움의 근원을 발견하는 일이 많을수록
그만큼 행복할 가능성이 많아진다.

002
정신적 능력이 없는 사람의 여가

우리는 일상생활을 보람차게 보내고 나서 자유로운 여가를 맞이할 수 있다. 그 시간은 자신의 의식과 개성을 만끽하는 기회를 제공한다. 고된 노동과 고통으로 점철된 현실에서 이따금 거두는 의미 있는 결실인 것이다.

하지만 그와 같은 자유로운 여가가 적지 않은 사람들에게는 권태를 안겨줄 뿐이다. 감각적 향락이 아닌 한, 그들에게 여가는 무가치하게 느껴지기 십상이다. 일찍이 이탈리아 시인 루도비코 아리오스토는 그런 상태를 일컬어 '무지한 인간의 권태'라고 말했다. 정신적 능력이 있는 사람은 자유로운 여가를 어떻게 활용할까 생각한다. 그에 비해 정신적 능력이 없는 사람은 오로지 그 시간을 어떻게 때울까 오락가락할 뿐이다. 정신적 능력이 없는 사람은 좀처럼 의지를 움직일 만한 동기를 갖지 못한다. 그들은 정신적 능력, 다시 말해 지성의 기나긴 휴지기를 거치다가 깊은 권태에 빠져든다.

003
본래 지니고 있는 것

　사람은 나이를 먹을수록 누구나 외적 근원이 고갈되어간다. 사랑도 농담도 여행의 즐거움도, 말을 기르는 기쁨도 점점 사라져버린다. 그뿐 아니라 죽음이 소중한 사람들을 하나둘 멀리 데려가 슬픔에 잠기게 한다. 그런데 그처럼 외적 근원이 메말라갈수록 자신의 지성과 인격은 더욱더 중요한 의미를 갖는다. 왜냐하면 인간이 본래 지니고 있는 것만이 언제까지나 변하지 않고 확실하기 때문이다.

　인간이 본래 지니고 있는 것이야말로 나이와 상관없이 참되고 영속적인 행복의 원천이다. 인간 세계 아무 데서나 그토록 소중한 것을 가져올 수는 없다. 그것은 외적 근원이 아니라 내적 근원이라는 사실을 알아야 한다. 인간 세상에는 궁핍과 고통이 넘쳐난다. 가까스로 그것에서 벗어나면 어느새 권태가 밀려오기 십상이다. 악이 권세를 떨치는 세상, 우매하고 열등한 것이 더 강한 발언권을 갖는 세상에서 인간은 비참하다. 그런 세상에서는 본래 지니고 있는 것이 크고 높은 인간만이 아름답고 따뜻할 수 있다.

004
중심이 내부에 존재하는 사람

　'중심이 완전히 자신의 내부에 존재하는 사람들'이 있다. 그런 인간은 매우 드문데, 그들은 친구나 친척 또는 사회에 대해 보통 사람들이 품는 관심이나 절실함을 갖고 있지 않다. 그들은 오직 자기 자신만 온전하면 그 밖의 것들에 상관없이 위안을 얻는 것이다. 따라서 그런 부류의 인간에게는 보통 사람들보다 몇 배나 더 많은 고립적 요소가 내재되어 있다.

　중심이 완전히 자신의 내부에 존재하는 사람들은 타인으로부터 깊은 만족감을 얻지 못한다. 그들은 자주 다른 사람들을 자신과 똑같은 존재로 인식하지 않는다. 그래서 누구를 만나든 자신과 다르다는 이질감을 느끼게 된다. 아니, 어떤 집단에서든 스스로 이질적 존재가 되기를 자임한다. 그들에게는 다른 사람들에 대해 1인칭 복수인 '우리'가 아니라 3인칭 복수인 '그들'로 생각하는 습성이 뿌리내려 있다. 그런 만큼 그들은 고립적 요소가 강할 수밖에 없는 것이다.

005
속물적 인간의 특성

속물적 인간은 사람이나 세상을 평가할 때
정신적 특성을 기준으로 삼는 법이 없다.
그들은 부와 권력, 지위 따위만을 미덕으로 여긴다.

또한 속물적 인간에게는
그 나름대로 갖는 허영의 즐거움이 있다.
그중 하나는 부와 권력, 지위 따위로
타인에게 존중받거나 타인을 억압하려는 허영이다.
그리고 다른 하나는
속물들 중에서 잘나 보이는 이들과 가까이 해
호랑이 등에 올라탄 여우가 되려는 허영이다.

그와 같은 속물적 인간은
정신적 욕망이라는 것과 거리가 아주 멀다.
더 나아가 정신적 욕망에 혐오감을 품기도 한다.

006
인간의 어떤 욕망

인간에게는 몇 가지 종류의 욕망이 있다.
그중 먹고 입는 것에 관한 욕망은
자연적이면서도 필연적인 욕망이다.
그에 비해 성적 만족에 대한 욕망처럼
자연적이기는 하지만
그렇다고 필연적이지는 않은 욕망도 있다.

아울러 인간에게는 하나 더,
자연적이지도 않고 필연적이지도 않은
필수불가결하지 않은 욕망이 있다.
이를테면 사치, 탐닉, 부귀영화 등이 그렇다.
그런 종류의 욕망은 끝이 없어
인간을 만족시키기가 매우 어렵다.

007
소유에 대한 상대적 욕망

소유에 대한 인간의 욕망은 어디까지가 합리적인가? 그 한계를 한마디로 정의하는 것은 쉽지 않다. 왜냐하면 소유에 대한 만족이 절대적인 양을 기준으로 삼을 수 없기 때문이다. 그것은 상대적인 양, 그러니까 어떤 사람이 필요로 하는 양과 그가 소유하고 있는 양의 상관관계에 따라 다르게 받아들여진다. 따라서 어떤 사람이 갖고 있는 소유물의 양만으로 욕망을 따지는 것은 분모 없는 분자처럼 그 크기를 가늠하는 것이 무의미하다.

만약 어떤 사람이 무엇을 소유하고 있지 않더라도 그것을 갖고 싶어 하지 않는다면 결핍이 아니다. 그 사람은 그것이 없어도 충분히 만족한 삶을 살 수 있으니까. 그와 달리 어떤 사람이 백을 갖고 있다 하더라도 자신에게 없는 무엇 하나를 절실히 원한다면 스스로 불행하다고 느끼기 십상이다. 그처럼 모든 사람은 자기 시야에 들어오는 소유물의 범위가 제각각 다르다. 그 시야의 범위가 바로 그 사람의 욕구의 범위인 것이다.

008
허영이란 무엇인가

　오늘날 대부분의 사람들은 자기 자신에 대한 다른 사람들의 의견에 지나치게 민감하다. 본래 자신의 의식 속에 있는 것보다 타인의 의식 속에 새롭게 만들어진 모습을 더 중요하게 생각한다. 그 결과 우리는 자신에 대한 다른 사람들의 견해가 실제로 자기에게 존재한다고 착각하는 지경에 이르기도 한다. 오히려 자신에게 분명히 존재하는 것은 관념으로 치부하는 잘못까지 범하면서 말이다. 정작 자신의 본질은 건성으로 대하면서 다른 사람들의 머릿속에 비친 자신의 그릇된 영상에 주의를 기울이는 셈이다.

　하지만 타인에게 얼비친 자신의 모습은 실재가 아닌 경우가 아주 많다. 우리는 자주 전혀 존재하지 않는 나의 모습을 타인의 견해에 따라 실재한다고 믿는 어리석음에 빠져들고는 한다. 인간의 그와 같은 어리석음이 다름 아닌 '허영'이다. 허영이란 얼마나 공허한 것인가. 허영은 탐욕과 더불어 수단을 위해 목적을 망각하는 우매함의 원천이다.

009

타인의 견해에 얽매이지 마라

사람들은 종종 자신의 행복에,
또한 자신의 독립과 마음의 안정에
전혀 도움이 되지 않는 해로운 걱정에 빠져든다.

'다른 사람들이 나를 어떻게 볼까?'라며
자기 인생에 불필요한 생각을 갖는 것이다.

그러나 우리에게 중요한 일은
자기 삶의 참된 가치를 숙고하며
자신의 주관으로 올바르게 판단하는 것이다.
다른 사람들의 견해에 민감하게 반응하는
잘못된 마음가짐과 행동은 버려야 한다.
영영 다른 사람들의 견해에 묶여 살아간다면,
우리는 타인의 견해에 구속된 노예일 뿐이다.

010
자부심과 허영심은 달라

자부심은
자신이 탁월한 가치를 갖고 있다는 사실을
자기 스스로 확신하는 것이다.
그와 달리 허영심은
자부심에서 비롯되어야 할 확신을
다른 사람들의 마음속에 불러일으키려는 욕망이다.

다시 말해 자부심은
자신의 내부로부터 생겨나는 직접적인 평가다.
그렇지만 허영심은
외부로터 자신을 평가받으려는 부질없는 수고다.
따라서 자부심은 사람을 과묵하게 하지만
허영심은 사람을 수다스럽게 만든다.
어느 면에서 허영심은
자부심을 갖지 못하게 하는 장애물이기도 하다.

011
당당히 자부심을 가져라

당신이 그럴 만한 자격이 있다면,
대중의 뻔뻔함과 어리석음에 맞서
당당히 자부심을 가져라.
마냥 겸손한 마음으로 그들과 어울리다 보면
돼지가 미네르바에게 설교하는
어처구니없는 상황이 벌어질 수도 있으니까.

겸양의 미덕이란,
저열한 자들이 만들어낸 발명품에 지나지 않는다.
자부심을 가질 만한 모든 사람에게
겸손만을 강요한다면
세상에는 저열한 자들만 활개치게 될 것이다.
자부심을 비난하고 배격하는 것은
자긍할 만한 것이 하나도 없는 자들의 언행이다.
그러니 당당히 자부심을 갖고 나아가라.

012
지위와 명예에 대해

　속물들에게는 높은 지위가 매우 훌륭한 것으로 보일지 모르겠다. 국가 기관을 운영하는 데는 여러 단계의 지위 체계가 필요하기도 하다. 하지만 높은 지위를 행복의 조건이라고 말할 수는 없다. 그 이유는 지위란 것이 인습적이며 허구적이기 때문이다. 또한 지위는 외면적인 경의를 불러일으킬 뿐이다. 즉 지위는 속물근성에 사로잡힌 대중에게 보여주기 위해 연출하는 일종의 희극에 지나지 않는다는 뜻이다.

　그렇다면 명예란 무엇일까? 명예는 지위에 비해 복합적인 의미를 갖는다. '명예는 외면적 양심이며, 양심은 내면적 명예다.'라고 정의한다면 어떨까. 하지만 그것만으로는 충분치 못하다. 나는 그에 덧붙여 '명예란 객관적으로 나의 가치에 대한 다른 사람들의 견해다. 또한 주관적으로는 나의 가치에 대한 다른 사람들의 견해를 상상하는 나의 두려움이다.'라고 설명하고 싶다.

013
누구나 마땅히 지녀야 하는 명예

　명성과 명예는 다르다. 명성이 적극적인 것이라면, 명예는 소극적인 것이다. 그것은 명예가 누구나 마땅히 지녀야 하는 기본적인 자격에 대한 세상 사람들의 평가라는 의미다. 즉 명예가 명성처럼 뛰어난 사람들만이 갖는 특별한 자격에 대한 세상 사람들의 찬사가 아니라는 말이다. 그러므로 명예를 지니고 있다고 해서 그 사람이 예외적 인물은 아닌 것이다.

　명성은 남다른 노력에 의해 획득할 수 있다. 그에 비해 명예는 잃어버리지 않기 위해 최선을 다하는 것으로 충분하다. 그런데 명예가 없다는 것은 단지 유명하지 않다는 뜻이지만, 명예가 없다는 것은 치욕적인 상황일 수 있다. 여기에 한 가지 덧붙인다면, 명예는 오로지 그것을 지니고 있는 그 사람 자신으로부터 생겨난다. 다른 사람들의 행위가 그 사람의 명예에 아무런 영향을 끼치지 않는다. 명예란, 순전히 자기 책임이라는 말이다.

014
명성이란 무엇인가

명예는 누구나 가질 수 있지만, 그것을 계속 유지하기는 어렵다. 그에 비해 명성은 획득하기 매우 어렵지만, 일단 명성을 얻고 나면 그것을 유지하기는 생각보다 쉽다.

또한 명성은 기본적으로 비교에 가치를 둔다. 그것을 획득한 사람과 얻지 못한 사람을 견주는 가운데 명성의 의미가 분명해진다는 말이다. 그러므로 명성은 상대적인 것이며, 상대적인 가치를 지닐 뿐이다. 만일 명예처럼 명성이 누구나 갖고 있는 것이라면 애당초 그 말이 생겨나지도 않았을 것이다. 서로 비교할 대상이 없을 테니까.

그렇다면 상대적 가치를 갖는 명성과 달리 절대적인 가치를 갖는 것은 무엇일까? 말하나 마나 그것은 인간이 본래 갖추고 있는 인격, 건강, 지성 등이다. 따라서 위대한 정신과 진정한 행복은 명성에 휘둘리지 않는다. 명성의 가치는 명성 그 자체가 아니라, 그것을 얻게 해준 선행이나 작품에 깃들어 있을 뿐이다.

015
유년기의 인식과 직관

인간은 유년기에 의지적이라기보다 인식적이다. 아이들의 눈은 분석적이라기보다 관조적이다. 또한 유년기의 아이들은 사물을 직관적으로 이해한다.

그런데 그 무렵부터 개념을 가르치는 교육이 아이들에게 행해진다. 개념은 사물의 본질을 깨닫는 데 별다른 도움이 되지 못한다. 본질적인 것, 그러니까 모든 인식의 기초가 되는 진리는 세계를 바라보는 직관적 판단 속에 존재한다. 그와 같은 직관적 판단은 교육에 의해서가 아니라 오직 우리 자신의 힘으로만 획득하는 것이 가능하다. 인간의 지성적 가치는 외부에서 주입할 수 없으며, 자신의 본질로부터 샘솟는 것이라는 의미다.

그러므로 유년기에 인식과 직관이 부족해 우매한 자는 아무리 교육을 받는다고 해도 사고하는 인간으로 성장하기 어렵다. 아니, 그것은 불가능한 일이다. 그런 인간은 어리석은 자로 살다가 어리석은 자로 죽을 수밖에 없다.

016
꿈꾸는 시절은 지나가버린다

어린아이들의 눈앞에 있는 세계는 에덴동산과 다를 바 없다. 그러나 인간은 나이가 들어가면서 세상의 광란 속 현실 생활에 다양한 욕망을 품는다. 한 발짝씩 앞으로 내딛을 때마다 자신의 욕망을 가로막는 장애물이 만만치 않다는 사실도 깨닫는다.

한때 어린아이였던 인간은 그 과정을 통해 세상에 대해 조금씩 환멸을 느끼기 시작한다. 그리고 머지않아 세상의 모든 사물에 환멸을 절감하면서 자신의 '꿈꾸는 시절'이 저물었다는 것을 알게 된다. 인간은 유년기에 자신의 인생을 멀리 놓여 있는 연극무대처럼 바라본다. 그런데 나이가 들어 노인이 되면 자기 스스로 연극무대에 올라가 모든 장치들을 낱낱이 살펴보게 된다. 그럴수록 환멸이 더욱 커지고 깊어진다.

017
뼈아픈 청년기

많은 사람들이 힘겨운 청년기를 맞는다.
행복의 실재(實在)를 믿고 전력을 다하지만,
그것이 눈앞에서 흔들리는 그림자이기 때문이다.

그런 일이 반복되면
청년들은 점점 세상에 불만을 갖는다.
불만은 머지않아 환멸로 탈바꿈한다.
인생을 향한 공허함과 비애를
자신의 상황이나 환경 탓으로 돌리는 것이다.

그들에게 청년기는 어둡고,
그들에게 청년기는 뼈아프다.

018
나이들어 깨닫는 것

우리는 젊었을 때,
내 인생에 큰 영향을 끼칠 인물과 사건들이
요란한 북소리와 함께 등장할 것이라고 믿는다.

하지만 나이들어 뒤돌아보면,
그렇게 중요한 인물과 사건들이
눈치 채지 못하는 새 다가온 것을 깨닫는다.
내가 아무것도 의식하지 못하는 순간
인생의 뒷문을 열고 살짝 숨어 들어온 것이다.

019
청년과 노년의 인생

　죽음은 산꼭대기 너머 저편 기슭에 있다. 한창 산을 오를 때는 죽음이 보이지 않는다. 그래서 청년기에는 인생이 명랑할 수 있으나, 산꼭대기를 지나 내리막길을 걷다 보면 비로소 죽음의 실체를 인식하게 된다. 산꼭대기를 정점으로 서서히 생명력이 감퇴하는 것이다. 그러다 보면 어느새 청년의 오만함은 사라지고 노년의 엄숙함이 자리 잡는다.

　거의 모든 인간은 젊었을 적에 인생이 무한한 것처럼 생각한다. 따라서 하루하루의 시간을 별 의식 없이 낭비하기 일쑤다. 하지만 나이들어 갈수록 똑같은 하루하루의 시간을 처형일 앞둔 사형수의 심정으로 받아들이게 된다. 청년의 입장에서 보면 인생은 기나긴 미래다. 그와 달리 노인의 입장에서 인생은 지극히 짧은 과거일 뿐이다. 또 젊었을 때는 쌍안경의 대물렌즈를 통해 인생을 바라보지만, 늙어서는 현미경의 접안렌즈를 통해 인생을 보게 된다.

020
가속 운동을 하는 인생

인간은 나이들어 갈수록 자기가 행하고 경험한 것이 정신에 별다른 흔적을 남기지 않는다. 노년기가 되면 의식적인 생활의 절반가량을 잃어버린다고 이야기해도 지나치지 않다. 다시 말해 청년기처럼 온전한 자의식을 갖고 생활할 수 없다는 말이다. 인간의 존재 의식은 늙어 갈수록 빠르게 긴장을 풀어버린다.

우리는 아무리 훌륭한 미술품도 백 번, 천 번 감상하다 보면 아무런 감흥을 느끼지 못하는 경험을 한다. 인생도 다르지 않다. 일상을 살아가면서 마주하는 사물들이 점점 더 머릿속에 아무런 인상을 남기지 못한다. 별 자극 없이 의식의 표면을 스쳐 지나갈 뿐이다. 그러다가 나중에는 자기가 무엇을 보았는지, 무엇을 접촉했는지조차 쉽게 망각하게 된다. 그렇게 의식이 퇴화함으로써 세월도 빠르게 흘러가버리는 것처럼 생각된다. 그런 까닭에 노인이 별 일 없이 보내는 하루가 어린아이의 한 시간보다도 짧게 느껴지는 것이다. 인간의 일생은 마치 비탈길을 내려가는 공처럼 가속 운동을 한다고 말할 수 있다.

021
노년을 한탄하지 마라

청년기는 행복하고 노년기는 불행한가?

정욕만이 인간을 행복하게 한다면 옳은 말이다.
그러나 정욕에 지배당하는 청년은
기쁨보다 번뇌가 더 많을 수밖에 없다.

쾌락은 소극적이고, 고통은 적극적인 것!

모든 쾌락은 결국 욕망의 만족일 뿐이니
삶의 여러 쾌락을 잃어버렸다고 해서
노년을 한탄하지 마라.
이미 배부르게 먹고 충분히 잠자지 않았는가.

청년기는 흔들림의 시기이며
노년기는 평온함의 시기이다.
저마다의 시기에 각각의 즐거움이 있다.

022
노년에 얻는 안정과 평정심

노년에는 정신의 안정과 마음의 평정을 찾게 된다. 따지고 보면 그것이 행복의 가장 중요한 본질이 아닌가. 청년기에는 정신의 안정과 마음의 평정이 특별한 시도를 통해 얻는 것이라고 생각한다. 하지만 노년기에는 단지 "모든 것이 헛되고 헛되도다."라는 태도만으로 그 경지에 다다르게 된다는 사실을 깨닫는다.

일찍이 호라티우스는 인간이 상당히 나이가 들어야 "어떤 일에도 놀라지 않는다."라는 정신을 갖게 된다고 말했다. 즉 노인이 되어야 세상만물의 공허와 모든 아름다운 것들의 부질없음에 흔들리지 않는다는 것이다. 그제야 비로소 눈앞을 흐리게 하던 환영에서 벗어나 대소(大小)와 귀천(貴賤)의 집착에서 자유로워진다는 것이다. 그리하여 노인은 정신의 안정과 마음의 평정을 찾아 얼굴 가득 미소를 띠며 세상의 기만을 내려다보게 된다.

023
노년에 더욱 중요해지는 것

노년에는 '인간이 본래 지니고 있는 것'이 더욱 중요해진다. 그 사실을 깨닫지 못하는 사람은 우매한 일생을 살아왔다고 말할 수 있다. 그들은 나이를 먹을수록 언제나 같은 것만을 생각하고, 말하고, 행동한다. 어떤 자극이 외부에서 주어진다 해도 그러한 생각과 말과 행동을 바꾸지 못한다. 그와 같이 늙어버린 사람에게 자극을 주는 것은 해변의 모래 위에 글자를 쓰는 것과 같아 어떤 변화도 금방 소멸되어버리고 만다. 그런 사람의 노년은 그야말로 인생의 폐물이라고 단언할 수 있다.

나이가 들어가면서 모든 능력이 점점 퇴화하는 것은 슬픈 일이다. 하지만 그것은 필연적인 일이기도 하다. 아니, 어쩌면 자연의 너그러운 은혜인지 모른다. 왜냐하면 그것이 죽음을 맞이하는 준비일 수 있으니까. 그런 퇴화의 과정 없이 갑자기 죽음에 맞닥뜨린다면 얼마나 괴롭겠는가. 그러니 노년에는 '인간이 본래 지니고 있는 것'을 얼마큼 갖고 있는지 자기 스스로 돌아보는 것이 아주 중요하다.

024
삶과 죽음의 연결

청년의 앞길에는 삶이 있고,
노인의 앞길에는 죽음이 있다.

하지만 서러워 마라.
종말과 시작은 서로 연결되어 있는 것.
죽음의 신 오르쿠스는
빼앗을 뿐만 아니라 주기도 하는 자.

죽음은 생을 담고 있는 커다란 그릇이다.
죽음으로부터 모든 것이 생겨났으며,
지금 생을 누리고 있는 모든 것은
일찍이 죽음의 나라에서 살았던 적이 있다.

다만 아직은 우리가 그 이치를 몰라
모든 것이 불명확할 뿐이다.

025
의지의 만족과 불만족

　인간은 육체의 어느 한 부분에 통증이 있는 경우, 다른 모든 건강함에 대해서는 별로 생각하지 않고 그 부분에 집중한다. 그 작은 부분의 고통에만 신경 쓰느라 삶의 즐거움을 잃고 마는 것이다. 그와 마찬가지로 인간은 열 가지 일 가운데 한 가지 일이 잘 풀리지 않으면 그 하나에 집착해 고뇌에 잠긴다. 자기 뜻대로 되어가는 아홉 가지 일은 제쳐두고 순조롭지 않은 한 가지 일이 자기 삶의 전부인 양 매달리는 것이다.
　그것이 육체의 통증이든 자신의 노력에 관한 것이든, 어느 한 부분이 전체를 좌지우지하는 순간 침해를 당하는 것은 인간의 의지다. 앞의 사례가 육체로 객관화된 의지를 침해당하는 것이라면, 뒤의 사례는 인간의 노력으로 객관화된 의지가 침해당하는 것이다. 인간의 의지의 만족은 항상 소극적으로 작용하며 의지의 불만족은 적극적으로 작용하기 때문에 그와 같은 현상이 빚어진다.

026
두 현자의 조언

"인생의 향락과 쾌락을 목표로 하지 마라.
가능한 한, 인생의 무수한 재앙을 피하는 데
삶의 목표를 두어야 한다."
이것은 아리스토텔레스의 가르침이다.

"행복은 환상에 지나지 않는다.
그러나 인생에서 맞닥뜨리는 고통은 실재다."
이것은 프랑스 사상가 볼테르의 말이다.

그렇다,
두 현자의 말은 틀림없는 진리다.

027
행복하게 산다는 것

행복하게 산다는 것은 무엇일까?

나는 '행복론'이라는 말 자체가
미화적(美化的)인 표현이라고 생각한다.
행복하게 산다는 것은
가능한 한 불행이 적은 상태일 뿐이다.
그러니까 행복론에 내재된 의미는
겨우 참으며 견딜 수 있을 만큼 살아가는 것이다.

라틴어 경구 중에
"degere vitam, vita defungi."가 있다.
"그럭저럭 살아가며, 삶을 극복하라."라는 뜻이다.
본래 인생은
향락을 누리는 것이 아니라 극복하는 것이다.

028
얼마만큼 행복한가

상대방이 얼마만큼 행복한지 궁금하다면,
그 사람이 지금 무엇을 즐기는가보다
어떤 슬픔에 빠져 있는지 살펴보라.

그 사람의 슬픔이 사소하면 사소할수록
그에 반비례해 그의 행복은 큰 것이다.
왜냐하면 크나큰 슬픔에 잠긴 사람은
사소한 슬픔 따위를 느끼지 못하기 때문이다.

다시 말해,
상대방의 삶에 자잘한 슬픔만 있다면
그 사람은 역설적으로 매우 행복한 상태다.

029
오늘은 오직 한 번밖에 없다

많은 사람들이 미래에 대한 계획이나 걱정에 사로잡혀 허우적댄다. 또한 많은 사람들이 과거에 대한 회한이나 동경에 빠져 현실 감각을 잃어버린다. 하지만 우리가 더욱 집중해야 할 것은 현재다. 현재야말로 실재적이고 확실하며, 유일한 것이다. 그렇지 않은가. 과거는 이미 지나가버렸고, 미래는 우리의 기대와 다른 모습으로 실현되기 십상이다.

그러므로 우리는 과거에 대한 회한이나 미래에 대한 걱정 따위로 현재를 우울하게 만들어서는 안 된다. 현재가 바로 사실이고 진실이기 때문이다. 그리고 현재를 즐기기로 마음먹었다면, 우리는 오늘이라는 하루의 가치를 깨달아야 한다. 오늘이라는 하루는 오직 한 번밖에 없다는 것을 명심해야 한다. 우리는 종종 오늘과 같은 날이 내일 또 온다고 생각하지만 그것은 오늘과 다른 내일인 것이다. 하루하루가 삶의 피요, 살이다.

030
자신을 제한하라

모든 제한(制限)은 인간을 행복하게 한다. 인간의 시야와 활동 반경, 접촉 범위가 좁아질수록 그만큼 행복해진다는 말이다. 그와 반대로 시야와 활동 반경, 접촉 범위가 넓으면 넓을수록 그만큼 인간은 고통받으며 불안을 느낀다. 욕망과 걱정, 공포 등이 증가하는 것이다. 그처럼 제한이 인간을 행복하게 해주는 것은 의지를 자극하는 일을 줄여주기 때문이다.

무릇 인간의 행불행은 마음의 움직임에 영향을 받는다. 인생은 각종 활동과 수고의 연속이며 성공과 실패의 반복에 지나지 않는다. 우리를 행복하게 해주는 것은 제한을 근본으로 한 순수한 지적 활동뿐이다. 그러한 생활을 영위하려면 그에 걸맞은 정신적 소양을 갖춰야 한다. 외부 세계에 대한 관심과 활동이 학구적 태도와 사색의 시간을 빼앗아서는 안 된다. 그런 생활은 인간의 마음을 불안정하게 하며, 자기 자신에게 성실하지 못하게 한다.

031
사교에 집착하지 마라

　다른 사람들과 교제하는 것에 집착하는 것은 평범한 인간의 특징이다. 고귀한 성품을 가진 사람들은 그와 같은 삶을 살지 않는다. 왜냐하면 사교를 위해서는 자기 자신을 그들과 같은 상태로 끌어내려야 하기 때문이다.

　인간은 어느 누구와도 완전히 융합할 수 없다. 그럴 가능성이 있는 존재는 자기 자신뿐이다. 그러므로 오직 자신에게 의지하며 자기가 만물의 척도임을 깨닫는 자가 행복도 느낄 수 있다. 일찍이 고대 로마 철학자 마르쿠스 키케로도 "자기 자신의 내부에 모든 것을 간직한 자야말로 가장 행복한 사람이다."라고 하지 않았나. 자신의 내부가 충만할수록 타인에게 의지할 것이 적은 법이다.

　자기 자신에게 만족하지 못하는 사람일수록 사교적이다. 그들은 공허한 자기 자신과 마주하는 것을 두려워하며 다른 사람들과 사교하는 것에 집착한다. 그들은 고독을 감당하지 못하므로 자신을 주체할 수 없다. 그들은 대신 사교를 통해 질적 부족을 양적으로 충당하려는 모습을 보인다.

032
경험하고, 반성하라

우리가 일상을 통해 하는 다양한 경험은
삶의 본문이라고 할 수 있다.
그리고 우리가 하는 회상과 반성은
그에 대한 주석이라고 이야기할 만하다.

그러므로
경험이 적은데 회상과 반성만 많은 삶은
마치 두 행뿐인 간단한 본문에
주석이 40행이나 달린 이상한 책과 같다.

그와 달리
경험은 많은데 회상과 반성이 부족하면
깨알 같은 본문에 주석이 거의 없는
선뜻 이해하기 어려운 현학적인 책과 같다.

033
상상력을 줄여야 하는 경우

아직 실감할 수 없는 행불행에 대해서는
되도록 상상력을 억제하라.
특히 정말 실현될지 모를 불행을 상상하여
쓸데없는 걱정에 휩싸이는 어리석음을 버려라.
그것은 스스로 자신을 괴롭히는 일일 뿐이다.

그와 같은 상상력의 작동은
극단에서 극단으로 치닫기 십상이다.
가상의 불행을 사실보다 몇 배나 더 확대한다.
따라서 상상력으로 얻는 간접적인 이익보다
직접적인 손실이 훨씬 클 수밖에 없다.

상상력은 때때로 아름다운 신기루를 그려내
나약한 인간을 기만한다.

034
신중함과 너그러움

　우리는 세상을 살아가며 항상 신중함과 너그러움을 가져야 한다. 신중함에 의해 여러 손해를 피할 수 있고, 너그러움에 의해 불필요한 다툼을 일으키지 않는다. 어차피 세상은 다른 사람들과 전혀 교류하지 않고 살아갈 수 없다. 그러다 보면 정말이지 형편없이 저열한 개성과도 맞닥뜨릴 수밖에 없다. 하지만 그런 사람을 배격하지 말아야 한다. 그들의 개성 역시 자연에 의해 주어진 것이라 어떻게 해도 변화시킬 수 없기 때문이다.

　만약 원치 않게 사악한 개성과 마주했다면 '뭐, 이런 사람이 있는 것도 당연하지.'라며 받아들이는 편이 낫다. 끝내 그런 개성을 용납하지 않는다면, 그의 생존권을 침해하는 일로 여겨져 다툼이 일어나게 마련이다. 결코 바뀌지 않을 본질적인 개성을 부정해봤자 그 사람의 분노만 살 뿐이다. 그런 개성을 안타까워하며 변화시키려고 하는 노력은 길바닥에 놓인 돌멩이를 교화시키려는 것과 다름없는 헛된 수고다.

035
기쁨과 슬픔의 모호한 경계

　이미 일어난 일에 대해 지나치게 기뻐하거나 슬퍼하지 마라. 모든 것은 끊임없이 변화하며, 언제 어느 때 현재의 감정과 정반대의 감정 상태에 이르게 될지 모르니까. 행복과 불행, 그리고 모든 길흉에 대한 우리의 판단은 생각보다 훨씬 불확실한 법이다. 실제로 우리는 과거에 기쁨이었던 일을 오늘의 슬픔으로 느끼는 경험을 하지 않나. 과거의 불행을 오늘은 다행스러운 일로 여길 때가 있지 않나. 인생을 살다 보면 그런 변화는 수시로 일어나게 마련이다.

　그러므로 오늘 나에게 불행이 닥친다 해도 지나치게 상심할 필요는 없다. 모든 불행에 대해 침묵을 지킬 수 있는 사람은 우리의 인생에 불행과 재앙이 가득하다는 것을 이미 알고 있다. 그런 사람은 자기 자신에게 닥쳐온 재앙이 누구에게나 일어날 수 있는 재앙이라는 점을 망각하지 않는다. 또한 그 불행이 세상 모든 불행의 극히 일부분이라는 사실도 정확히 알고 있는 것이다.

036
만용이 아닌 용기를 지녀라

　행복을 얻으려면, 지혜와 더불어 용기를 지녀야 한다. 우리는 어머니로부터 지혜를, 아버지로부터 용기를 물려받는다. 그리고 부단한 노력에 의해 그것을 더욱 증대시켜 나간다.

　이 세상은 상당 부분 운명의 섭리에 의해 지배당한다. 우리는 그 운명에 맞서기 위해 항상 튼튼한 갑옷을 둘러야 한다. 단단한 정신으로 무장해야 하는 것이다.

　어느 면에서 인생은 한 판의 싸움과 같다. 우리는 한 걸음을 나아가려 해도 칼을 치켜들고 주위를 경계해야 한다. 일찍이 볼테르는 "우리는 이 세상을 살아가며 모든 일에 칼을 빼들어야 한다. 그리고 칼을 손에 쥔 채 죽어가야 한다."라고 이야기했다. 그러니 우리의 인생에 먹구름이 밀려온다고 해도 비관해서는 안 된다. 그것은 비겁자나 하는 짓이다. 우리는 용기를 갖고 재앙에 맞서야 한다. 다만, 용기가 만용이 되지 않도록 주의하면서.

037

가면을 쓰고 살아가는 삶

개개의 인간을 뜻하는 영어 단어 'person'은
'persona(페르소나)'와 관련 있다.
페르소나는 원래 배우들이 쓰는 가면을 의미한다.

연극 무대와 다름없는 이 세상에서
자기 자신을 그대로 보여주는 사람은 아무도 없다.
우리는 모두 페르소나를 쓰고 연기한다.
일반적으로 우리의 사회생활은
끊임없는 희극의 연출이라고 말할 수 있다.

참된 인간은 그 속에서 권태를 느끼고
얼간이들은 기쁨을 갈망한다.

038
다양한 가면들

겉모습이 참모습은 아니다.
사람들은 다양한 가면을 쓰고 살아간다.

어떤 사람은 상대방을 공격하기 위해
정의라는 가면을 쓰고 있다.
어떤 사람은 자신의 사적 목적을 위해
공익이나 애국심의 가면을 쓰고 있다.
어떤 사람은 자신의 도덕을 내보이기 위해
종교와 순결한 신앙의 가면을 쓰고 있다.

그처럼 많은 사람들이 여러 이유로
그럴듯한 가면을 쓰고 살아간다.
사람들의 가면 중에는
공손함, 수줍음, 동정심 같은 것도 있다.

039
인간의 흔한 착각

　공간적 관점에서, 우리에게 가까이 있는 사물은 그 반대의 경우보다 커다랗게 보인다. 때로는 그 거리가 너무 가까워 우리의 시야를 완전히 덮어버리기도 한다. 그와 달리 멀리 있는 사물을 카메라 렌즈나 망원경을 통해 바라보면 아름답게 느껴지기 십상이다. 먼 거리가 그 사물의 흠결을 감춰주기 때문이다. 마찬가지로 우리에게 너무 가까이 있어 부정적으로 보였던 것도 얼마만큼 거리가 떨어져 있으면 곧 미미한 존재로 여겨진다.

　시간적 관점도 다르지 않다. 우리는 일상에서 일어나는 자잘한 사건들을 심각하게 받아들이고는 한다. 그에 비해 이미 지나가버린 일은 실제보다 작게 인식하기 십상이다. 즉 시간적으로 가까우면 그 일의 의미를 불필요하게 크게 생각하고, 오래전 일이면 그만큼 심각하게 받아들이지 않는 것이다. 그처럼 인간의 의식은 똑같은 일이라고 해도 공간과 시간의 거리에 따라 다르게 판단한다.

040
적당한 거리를 유지하라

추운 겨울날, 여러 마리의 고슴도치들이 체온을 유지하려고 서로에게 다가가 한데 뒤엉켰다. 그러자 추위는 웬만큼 가셨는데 저마다의 바늘이 서로의 몸을 찔러 고통스러웠다. 더 이상 아픔을 참지 못하게 된 그들은 서로에게서 황급히 멀어졌다. 곧 다시 추위가 밀려들어 고슴도치들이 몸을 부들부들 떨었다.

그 후에도 고슴도치들은 한데 뒤엉켰다가 서로에게서 멀어지는 행위를 반복했다. 가까이 있으면 따뜻했지만 그만큼 바늘에 찔리는 고통을 참기 어려웠기 때문이다. 고슴도치들은 수백 번이나 모였다가 흩어지기를 반복한 끝에 마침내 적당한 거리를 찾아냈다. 그 간격을 유지하면 어느 정도 추위를 달래면서 서로 바늘에 찔리지는 않았다. 모두 적당히 견딜 수 있는 그 거리, 그것이 다름 아닌 정중함과 예의였다.

이 이야기에 고슴도치 대신 인간을 대입하면 깨닫는 바가 있을 것이다.